文化中国书系
中国社会科学院中国文化研究中心

总主编◎王立胜 李河

大众文化时代的创意表达

章建刚◎著

中国书籍出版社
China Book Press

图书在版编目（CIP）数据

大众文化时代的创意表达 / 章建刚著. — 北京：中国书籍出版社，2020.11
（中国社会科学院中国文化研究中心·文化中国书系/王立胜，李河总主编）
ISBN 978-7-5068-8099-2

Ⅰ.①大… Ⅱ.①章… Ⅲ.①社会科学—文集 Ⅳ.①C53

中国版本图书馆CIP数据核字(2020)第219848号

大众文化时代的创意表达
章建刚　著

责任编辑	杨铠瑞
项目统筹	惠　鸣　孙茹茹
责任印制	孙马飞　马　芝
封面设计	程　跃
出版发行	中国书籍出版社
地　　址	北京市丰台区三路居路 97 号（邮编：100073）
电　　话	（010）52257143（总编室）　（010）52257140（发行部）
电子邮箱	eo@chinabp.com.cn
经　　销	全国新华书店
印　　刷	三河市顺兴印务有限公司
开　　本	787毫米×1092毫米　1/16
字　　数	187千字
印　　张	14
版　　次	2020 年 11 月第 1 版　2020 年 11 月第 1 次印刷
书　　号	ISBN 978-7-5068-8099-2
定　　价	46.00元

版权所有　翻印必究

文化中国书系编委会

（以姓氏笔画为序）

王　平　王立胜　牛　超　刘向鸿　刘建华
李　河　吴尚民　张晓明　章建刚　惠　鸣

序言：怎样一种艺术生产

20年的时间一晃就过去了。文化中心的文化研究工作经历了筚路蓝缕的草创阶段。除了对中国社会发展的鼎力推助，我们也对文化学科的理路构成进行了认真的探索。本文集收录了我这一时期对文化和艺术原创进行研究的成果：一些是理论性的；另一些则是观察性的。然而即使是观察性的仍然需要有在先的理论框架予以导引，否则所看到的一切就会模糊不清。而同时，通过这种有"先见"的观察，理论本身也会得到丰富和修正。回顾几十年的学术生涯，我也看到了自己前20年和近20年，美学—文化研究的转变及其间的连续性。一种聚焦纯艺术的态度被更多关注文化艺术"现实发生"的态度取代了；对艺术家个人创作过程的关注被对文化产品社会生产的制度条件的揭示取代了。这时我们看到的是在一个新的时代即大众文化时代，许许多多的普通大众努力参与到文化创造的进程中来；尽管在中国这个趋势还刚刚启动，但其未来是不可限量的。

20年前我的美学思考，与许多同行一样，有着马克思主义实践学说的渊源，我们相当关注《1844年经济学哲学手稿》。但我注意到，马克思在他的时代里，艺术观不免还是精英主义的。那时我们所说的"大众文化"还没有发生。这就给他的理论构建工作带来一些困惑，如他对社会生产力水平极为低下的古代希腊，竟然生产了带给人"永久魅力"的、文学艺术中"不可企及的范本"感到困惑。而我们国内很多同行出于对马克思深刻理解的动机，将实践美学与康德的美学相衔接，强调艺术（或审美）的非实用功利属性。这就更进一步强化了艺术精英主义的态度。于是大众文化或通俗文化、民间文学与艺术更难入其法眼，这些美学家宁可陶醉在各类精英艺术的"象牙塔"之中，也难投身到改革开放（尤其是文化体制改革）的实践中去。而1978年启动的这场改革运动的意义将随着历史的演进获得越来越高的评价。

实践美学也应该有"巨大的历史感"，应该能够干预现实。例如当我们的社会处于改革开放的重要发展阶段，特别需要防止唯GDP的片面增长方式。一旦出现这种倾向，我们就应特别强调整个社会在经济、政治、文化及生态等方面的全面发展，强调整个人口素质的同步提升及公民文化权利的逐步落实。能不能做到这一点，是对我们传统的美学研究，甚至80年代实现了理论范式重大突破的实践美学的再一次挑战！21世纪的中国社会要求80年代的实践美学进一步思考，中国社会的发展需要怎样的艺术和文化，尤其是怎样一种文化生产方式或其制度创新。公众普遍的文化参与、艺术生产而不再是美与审美，成了它在一个新时代的首要课题。

在某种意义上说，大众文化（popular culture）并没有完全落在美学家和文化学者的视野之外。大众文化的界定也许不比对文化的界定更容易。国内一直有民间文艺学家不断地采风；国际上也有像彼得·伯克（Peter Burke）那样著名的历史学家在新的世纪投身相对"低级"的大众文化研究①。我们的学者已经推出了煌煌300卷的《中国民间艺术集成》；而彼得·伯克也出版了《欧洲近代早期的大众文化》等。在这本书里他介绍了1500—1800年前后的整个欧洲"非正式""非精英的文化"。它们往往是通过口头的方式传承的。在一定意义上它们只是些被排除在精英艺术（所谓"高文化"，high culture）之外的某些剩余甚至意识形态或商业化的对立物。但这与我这里所说的"大众文化"并不一样。他们说的是folk culture，而我着重用"大众文化"界定一个时代，即一直延续至今的这个全球化时代。我所说的大众文化有以下几个特征。

---

① 参见彼得·伯克：《欧洲近代早期的大众文化》，杨豫等译，上海人民出版社，2005。

首先，它是越来越多的公众直接参与的符号性表达，真正"大众"的文化。马克思早就说过，工业把教育的因素带给工人阶级。在过去的一个世纪，随着工业制造业尤其制造设备的发展，社会对高素质的劳动者的需求不断增加，特别是对白领工人有更多数量和比例的需求。因此高等教育会极大普及，它们会为社会培养越来越多全面发展的社会生产及管理人才。教育使社会的识字率几乎达到百分之百，外语人才辈出。而语言文字这种符号系统一旦为人所掌握，能够进行文化表达的人就会大批涌现。

几千年甚至更长久以来的艺术创造给我们留下了不少文学艺术经典。它们的确让人感到高山仰止，难以望其项背。但这些艺术的生产者在当时社会里是凤毛麟角。那时艺术生产是垄断性的。它们的存在同时也意味着绝大部分人的文化表达是被压抑被剥夺了的[1]。人们在早期艺术制造遗址也会发现一些制作更随意的小型动物或人物雕像，但它们的数量如此之少很难理解。一般说，这意味着社会筛选机制的存在。越是早期的社会，有意无意的审查就越严格。这是另一种形式的压抑。那些沉默的大多数如果还想在历史上留下某种印记，就只有由知识精英来"代表"，由精英们替他们造像。于是这也带来了一个像还是不像的问题。恩格斯与女作家哈克奈斯就其《城市姑娘》形象描写的典型性、真实性进行的讨论是我们所熟悉的[2]。因为哈克奈斯本人不是伦敦工人阶级的一分子，所以读者可以对其所描写的"他者"是否真实予以评判。但到英国伯明翰学派的学者开展文化研究的时代（20 世纪 50 年代前后），情况就不同了。这批文化社会学家多是工人阶级出身，他们从自身的体

---

[1] 马克思说："由于分工，艺术天才完全集中在个别人身上，因而广大群众的艺术天才受到压抑。"参见马克思、恩格斯：《马克思恩格斯全集》，商务印书馆，第 460 页。转引自北京大学中文系文艺理论教研室：《马克思、恩格斯、列宁、斯大林论文艺》，人民文学出版社，1980，第 28 页。

[2] 参见北京大学中文系文艺理论教研室：《马克思、恩格斯、列宁、斯大林论文艺》，人民文学出版社，1980，第 134—139 页。

验出发，讨论"识字的作用"。这时工人阶级自己在表达了，没有谁需要由别人代表去发言了，因此也就不需要有人和他们讨论这些文化表达内容的真假问题了。

中国社会也是这样，改革开放的40年间，教育尤其是高等教育、高等艺术教育都有了长足的发展。每年的大学新生和毕业生都数以几百万计。据报道，2020年，全国艺术类高考报名就有117万人之多①。也许我们还要计入在中等艺术学校和社会艺术培训机构（包括成人教育、继续教育、老年大学、群艺馆等）中学习的人数。所有这些还仅仅是这一年即将加入到中国艺术生产中来的新军数量。我们几十年累计下来，受到过专门培训的文艺大众数以亿计。所有这些人在生活和工作中都有强烈的文化表达与对话的愿望、文化生产与消费的需求。他们表达的实现，会让我们整个社会人声鼎沸、众语喧哗。用巴赫金的话说，这就是庆典般的"狂欢"。社会的发展给了他们表达的权利，他们没有理由不行使这终于到手的权利。

文化艺术总是一种对话，需要得到公众的评价。直抒胸臆和未经审查的表达所带来的大量符号产品，其总体水平当然会低于经过推敲和筛选的作品集合尤其是趣味标准。许多文化生产者本身往往处于某种边缘地位，还正在寻求改变和突破。梵高、高更，爵士、蓝调，甚至劳伦斯、莎士比亚都曾在边缘。他们是一直被剥夺了文化表达权的人群中刚刚参与进来的一小群。他们的突破所要改变的可能就是社会流行的各种行为或文化规范，更何况其中有一些只是想加入与中心、主流或市场的对话。在这种情况下，它们本身还暂时不符合"高"的标准。这恐怕是大众文化被认为低俗（low culture）的主要原因。但未来新的经典也可能产生自它们之中。

其次，大众文化就是在大众传媒上进行传播的文化。大众传媒让文

---

① 参见高占祥：《中国艺术报》，中国艺术报社，2020年5月13日，第1版。

化表达无远弗届，受众激增。而这些受众并不完全被动，在接受之后就会作出广泛反响。因此文化交往、文明对话日趋繁荣。

大众媒介产生于现代社会，其技术发展日新月异。技术即效果，即媒体。技术创新使整个文化表达手段层出不穷，艺术表达领域不断拓展。信息技术在20世纪后70年代以来突飞猛进地发展。当年法兰克福思想家对机械制作即技术因素介入艺术创作表示担忧，今天却无人再怀疑数字和网络技术手段发展对言论管制是灭顶之灾。

大众传媒含义广泛。我们将所有传播展示方式视为媒体，既有传统的，也有现代的。它们往往互相连接。例如我们看到，今天中国的综合大学都希望有多学科的艺术学院。艺术院校中传统的美术学院不仅有书法、摄影专业，也都加设了设计专业；音乐学院则增设了舞蹈专业。传媒大学全面拥有艺术各门类教育系科。传统的轻工、纺织、服装、印刷学院也都增加了设计专业，同时教授平面设计与立体设计、数字设计等。建筑学院不甘落后，不断向美术学科、计算机学科和装饰设计领域渗透。这在很大程度上都是多媒体、互联网技术发展所推动的。

信息技术的发展、信息产品的开发不断降低着踏入艺术圣殿的门槛。如果说，快捷的大众传媒带来了更自由的文化表达，那么率直的表达也许意味着沉思的缺失。曾经热门的美学学科盛况不再。人们关心技艺，"拒斥形而上学""放弃宏大叙事"，结果使文化表达整体降准。这也是大众文化被视为低文化的原因之一。

第三，大众文化往往是通过市场环境进行生产、交换、传播和消费的文化。市场具有比较优势的资源分配方式，具有高效的特征。流通决定传播。没有高度发育的市场就不会有繁华的都市生活。通过数字技术的运用，负载艺术内容的文化产品（主要是复制品）更多进入市场。20世纪90年代以来，世界各主要发达国家相继进入知识经济发展阶段。所谓知识经济强调整个经济运行中高科技的应用和知识流的大量吸纳。在高科技（high tech）迅猛发展的同时，其负载的高文化（high touch）

势必同比增加。文化创意产业的崛起凸显了这一潮流。

一部分人文学者不断对市场经济进行批评，并认为商业会导致文化的庸俗化。其实市场是受需求制约的，敏于应对消费者的需求。在一个健康的社会里，市场只是这个社会健康程度的指示器。如果市场里有过多低俗产品，只能说明该社会文明水准低下。而文化社会学家的研究表明，通过不同层级的媒体互动，高水平的文化创新会逐渐传导到社会的各个角落。而人文学者们的高谈阔论最终也要通过市场交易进行广泛传播。事实上，在非市场经济体制的环境中，这些作者的思想可能更难传播。

当然市场是有竞争性的，强调时效的。在强竞争态势中，市场也会将紧张气氛传递到创意环节，因此有很多文化产品中的思想含量、创作者人生经验的时间含量减少了，作品成为养分不均衡的快餐食品。作为消费者我们应该如何要求这些厂商和产品呢？我们能用货币投票吗？！

显然，我是在一个特定历史时期，在一个传媒—技术—市场环境中去界定和审视大众文化的。我把大众文化归结为这些文化表达的时代特征。而且我相信这就是我们改革进程中正在发生变化的文化制度环境。因此我所做的不是民间艺术的研究，不是对某些低俗制作的批评，而是关于它们如何能突入现代甚至后现代社会的研究。我们所观察到的各类文化生产者都是从某种边缘状态突入文化交往场域尤其文化市场的，并且还只是最初的尝试。我们不能保证他们都会取得最后的成功，尤其不打算为其罩上传统艺术曾被冠以的神圣光环。我们要做的是为其文化权利予以伸张；为其惊险涌现作见证。

我把这本小册子定名为《大众文化时代的创意表达》，实际上也是希望表达我对这些文化生产者的信心。尽管这是一个大众文化的时代，但我相信大多数的文化参与者和文化生产者是追求卓越的，当然有很多的文化生产者首先需要解决生计问题，一些文化企业在激烈的市场竞争中也会投机，但文化、艺术从根本上说是积极进取的，无论其对现实采取歌颂的还是批评、赞赏还是揶揄的态度。从根本上说，它们是这个社会的服务行业。

最终我们还是要思考文化、艺术是怎么一回事：是每个人的日常生活和整个社会的生产实践，还是人们自由自在的趣味游戏？上文我们提到马克思关于艺术生产的垄断性问题。在马克思看来，这都是强制分工造成的恶果。而"在共产主义社会里……每个人都可以在任何部门内发展……上午打猎，下午捕鱼，傍晚从事畜牧，晚饭后从事批判，但并不因此就使我成为一个猎人、渔夫、牧人或批判者"。这真是一幕浪漫的田园风光。但我总不免疑惑：如果一个人的生活能如此从容、悠闲并且富足，他还有什么动机去进行批判或艺术创作呢？！中国人总是讲"不平则鸣"，各种创意表达作为对话参与，总是在争取社会和他人的承认，在伸张自身的权利，在谋取合法的利益。这时他们的文化参与同时也是一种博弈。究竟使用什么手段去实现个人的目标可以有不同的选择，而使用文化表达的方式达成目标是最为和平的，也是最符合人性的。我在这种理解下看待改革开放进程中的各类文化创意。

目录

序言：怎样一种艺术生产 / 1

如何规定艺术？ / 1

何谓"审美文化"？ / 15

现代化过程与艺术的命运 / 26

全球化进程与民族艺术研究的新课题 / 42

宋庄的另类生产 / 62

也是一种想象

——知识经济时代的艺术投资和"宽视现象"的启示 / 74

山西民间音乐遗产传承的三种模式 / 85

浮现中的生活、艺术与市场

——九棵树数字音乐产业集聚区调研纪实 / 110

中国"舞"台原创与市场的突破点 / 120

创新合作模式，资源涌流，财富激增

——什么是R&V非竞争性战略联盟模式 / 131

通往城市批评的美学之路

——当代城市景观美学的三种资源 / 137

城市化进程与城市景观设计实践的兴起 / 162

"后现代主义"建筑出现的意义 / 182

井冈山新市区建设应着意表达其特有的人文意蕴 / 198

如何规定艺术？[①]

一、艺术定义在 20 世纪西方美学中的两个类型

20世纪后半期西方有一些实证主义传统的美学家、艺术理论家极端地认为，艺术是开放的，因而不可定义。莫里斯·韦茨就"声称'艺术'是一个'开放的'概念，任何封闭的艺术定义都将使艺术创造成为不再可能"[②]。他的意思是说："并没有一种认识的标准可以构成（艺术定义）必要和充分条件。因为在我们断言某种东西是艺术作品之时，可以拒绝承认这些条件中的任何一个条件，甚至认为艺术作品必须是件人工制品这种传统上被认为是艺术作品的最基本的条件也能被拒绝。"[③]在发誓"拒斥形而上学"的分析哲学传统中，这种意见相当典型。

然而这并不能取消给艺术一个定义的努力。20世纪结束的时候，分析哲学家们不那么自信和自负了。他们承认，一个可以区分艺术与非艺术的标志是必要的，且这个问题肯定将被哲学家和美学家们合理地带入21世纪[④]。

分析哲学家不是铁板一块，不少分析哲学家已经意识到自身的缺陷，因而希望分析哲学向历史主义运动。丹图（A. Danto）、迪菲（Terry

---

[①] 本文发表于《哲学研究》，中国人民大学书报资料社，2004年第5期，与王亮合作。

[②] 转引自P. 拉马克："《英国美学杂志》40年"，载《哲学译丛》，中国社会科学院哲学研究所著，全国图书馆文献缩微中心，2001，第43页。

[③] 朱狄：《美学问题》，陕西人民出版社，1982，第178页；胡健：《艺术是不可定义的》，人大复印资料全文数据库，2003，第35页。

[④] 中国社会科学院哲学研究所：《哲学译丛》，全国图书馆文献缩微中心，2001，第45页。

Diffey）等人通常被称作是"程序论"或"制度论"的代表。这种理论强调，一件作品是否被当作艺术主要要由特定的社会氛围来决定，尤其是由画廊或博物馆、艺术权威、批评家、评选委员会，或者是在先的其他得到公认的艺术作品所决定。

分析哲学源于经验主义，而经验主义的问题在于，经验又被还原为感觉，最终成了"存在就是被感知"。分析哲学虽然强调语言分析，而分析的基础、标准、尺度还是经验、感觉，是观察和归纳。因此上述的讨论仍然缺少基础。例如艺术作品由艺术家、批评家、权威来确定，那么这些专家、艺术家又是由谁来确定的呢？！假如"在先的艺术作品"是指文艺复兴时期的艺术，那么它们肯定无法成为20世纪的先锋艺术家作品的资格认定标准。由于历史都被还原为"经验"，即相对的"短时段"，所以经验主义成了"近视"的代名词。

20世纪西方美学关于艺术的定义的另一个极端由海德格尔代表。从我国近年出版的文艺学教材来看，海德格尔的影响显而易见[①]。海德格尔认为，艺术作品与艺术家不能相互确认、相互定义，"艺术家和作品都通过一个第一位的第三者而存在。这个第三者才使艺术家和艺术作品获得各自的名称。它就是艺术"[②]。换句话说，艺术作品的本源在于艺术，即通常说的艺术的本质。而对艺术，或艺术的本质，海德格尔的基本定义是："艺术就是真理的生成和发生"，或简单地说："艺术的本质先行就被规定为真理之自行设置入作品。"[③]海德格尔类似的表述还有："艺术乃是根本性意义上的历史"；"艺术是历史性的，历史性

---

① 陈旭光：《艺术的意蕴》，中国人民大学出版社，2000；傅道彬、于茀：《文学是什么》，北京大学出版社，2002。

② 海德格尔：《艺术作品的本源》，《海德格尔选集》〔上〕，上海三联书店，1996，第237页。

③ 海德格尔：《海德格尔选集》〔上〕，上海三联书店，1996，第292页。

的艺术是对作品中的真理的创作性保藏"①，等等。

海德格尔的艺术定义与其整个哲学一样，被分析哲学认为是"玄学"，是无法被经验证实的，因而是没有意义的。然而他的话有这么大的感召力，使很多中国美学家喜欢。海德格尔的魅力也许就在于他把人的真正的存在作为一种尺度悬在了现实生活之上，有如阳光照亮大地，指引着生活。同时，这个尺度，即人的真正存在方式，就是真理，它的发生就是艺术。真理通过艺术向现实中的人、遗忘了真正存在的人发出召唤。"歌唱即实存。"（Gesang ist Dasein）海德格尔的哲思也有几分像诗歌。但说到底，问题在于我们必须作出一个判断：我们到底生活在哪里？我们究竟生活在一个什么样的世界里？

我的意思不是说人类有不同的世界、地球或宇宙可以选择居住。我们只有一个地球。但是对这个世界我们却不一定有清醒的认识。例如我们仅仅是生活在那个由自然科学所处理的、物理和经验的世界里吗？而假如我们说，不，我们是生活在一个富于意义的世界里，那么那些意义又在哪里呢？！我觉得，人的生活永远是受到指引的；历史总会显示出一种方向性；价值问题——无论真、善，还是美——都是确定无疑的。但这些都需要获得实质性的说明。这就是哲学家、美学家的工作。

因此眼下，我们虽然可以承认海德格尔或是现象学过于晦涩，但还是要承认他的问题。我们要用更易懂的话把艺术的真理揭示出来。于是我们想到，应该通过与海德格尔之类的哲学家的对话，推动我们自己的理论创新，比如推动在20世纪80、90年代极具影响的实践美学的进一步发展。

---

① 海德格尔：《海德格尔选集》〔上〕，上海三联书店，1996，第298页。

二、艺术即创造：对实践美学理论创新的建议

实践美学以实践的特征规定美，认为实践即人的本质不断对象化的过程，实践不断改造自然与社会，并不断地提升人自身；而美即人的本质力量的对象化。这种理论近年受到一些质疑。有人希望超越实践美学，搞后实践美学；也有人希望以生命美学取代实践美学。但这样的做法并不成功，因为它们在哲学上不及实践美学深刻。美学界不少研究者相信，经过进一步发展或修正的实践美学还是会有较强生命力[①]。

然而实践美学受到质疑也有其自身的原因。第一，在对实践概念本身的解释上，过多强调物质生产实践、阶级斗争、科学实验的基础地位，轻视实践的目的性要素；第二，实践美学对艺术的规定是一个弱项，这一点颇不可思议却与第一个缺陷密切相关，即没有更清晰地揭示生产与艺术创造之间的紧密联系。在以前的实践美学中，真和善的同一、合规律性与合目的性的统一中的"善"或"合目的性"也较多地被解说为生产工具的技术完善性，而不是实践所创造的生活对人所体现出来的意义与光辉。仅仅在工具的意义上讨论实践，就会不自觉地夸大技术的力量，使人的本质力量仅仅具有技术特征，使实践的主体人和实践的客体自然仅仅处于征服与被征服的对立状态。

在《1844年经济学哲学手稿》时期，马克思就把人的类特征界定为"自由自觉的活动"[②]。马克思相信，人的生产劳动、生命活动一般地说只是他谋生及意志与意识的对象和手段，如果他仅仅可以有意识地出卖劳动谋生，那么这仍然是一种异化状态。而在《关于费尔巴哈的提纲》中，他通过对费尔巴哈的批判表达出一种正面的看法，即实践就是

[①] 参见中国社会科学院哲学研究所：《中国哲学年鉴·1998》，哲学研究杂志社，1999，第126-129页。

[②] 马克思：《1844年经济学哲学手稿》，人民出版社，1979，第50页。

人类自觉、能动地改造他的环境的感性活动。如果人们只是看到劳动的抽象物质特征，他就还没有理解人的类本质或实践的高贵性。人的异化最要命的是他头脑中的世界图景是异化的；真理是被遗忘了的。

实践的高贵性早就为黑格尔所谈到过。他说"锄头比锄头所造成的、作为目的的、直接的享受更尊贵些"，因为它以人类所创造的"外在的他物"的形式"保存"了"合理性"；它有利于实现作为"无限目的"或"终极目的"的"绝对的善"。海德格尔则正确地区分了器具的器具存在与艺术作品的作品存在。以农鞋为例，作为器具，它以其可靠的有用性"把农妇置于大地的无声的召唤之中"，使农妇"把握了她的世界"；作为作品，"使我们懂得了真正的鞋具是什么"，"走近这幅作品，我们就突然进入了另一个天地，其况味全然不同于我们惯常的存在"[①]。

而仅仅从物质生产劳动的层面理解实践也导致了对不同实践活动的硬性分割。理论、艺术、宗教、科学等精神活动被与物质性生产劳动截然分开，不再是统一的人类实践活动环环相扣、不断相互转化的不同环节。进而，这些精神性的活动被认定为对物质性活动的反映，因而从属于后者[②]。其实人类的理论、艺术、宗教、科学等精神活动始终在努力说明世界为什么不该是现有的样子，而一个更好的世界将会是什么样子，并且怎样做我们就会实现我们的理想。因此一个属人的世界就这样被创造出来。我觉得实践哲学就应该注重揭示生活的这个非常基础的层面。而这时的实践论就是美学或艺术哲学，人们确实有理由称它为一种诗化哲学。

如果这样做，我们就是用创造（creation）或创造性（creativity）定义人同时定义艺术。艺术从根本上说，就是对生活意义的创见和对人的

---

① 海德格尔：《艺术作品的本源》，《海德格尔选集》〔上〕，上海三联书店，1996，第254、255页。

② 参见王朝闻：《美学概论》，人民出版社，1981，第45页。

不断塑造。生活的意义不是靠观察、实验去发现的，因为那个意义本不是现成存在的；生活不断升华着的意义是思的构建，是理解、想象，是一种希望。艺术是对明天理想的人类生存状态的憧憬、规划与追求，是现实中无定的人们对永恒、不朽怀有的一分形而上的执着。凭着这种想象，他把明天做成了现实。因此，存在就是被想象（To be is to be imagined）。在这种情况下，艺术的确像一束光照向远方，将晦暗不明的所在呈现出来。在关于艺术本质的镜与灯的比喻性选择中，我们宁可选择灯。

三、创造的含义：对柏拉图以来传统的继承

艺术即创造。我们说实践的根本特征是创造。在漫长的历史尤其是出现了异化的复杂局面中，这种创造性就集中表现在艺术里。但以创造定义艺术并不始于我们，创造的含义也是在一个漫长的理论探索过程中约定俗成的。塔达基维奇对这个过程有清晰的梳理[①]。

古希腊没有创造的概念。创造这个词从中世纪开始，被专门用于指上帝从虚无中创造了世界的活动。文艺复兴时期的艺术创造性很强，然而在当时，想找一个恰当的词语来表达这种感受很不容易。所以一位哲学家说艺术家是"想出"作品的；一位建筑与绘画理论家说艺术家是"预先设定出"作品的；拉斐尔说，艺术家依照观念来作画；达·芬奇说，艺术家运用的是自然中不存在的形状；米开朗吉罗说，艺术家实现着自己的所见而非摹仿自然。还有人说说建筑师是凡间的神；一些诗论作家说诗人的创作产生于"虚无"；说诗就是"虚构"（finzione）、"造型"（formatura）、"变形"（transfigurazione）等，但他们就是不贸然使用

[①] 参见[波]塔达基维奇：《西方美学概念史》，褚朔维译，学苑出版社，1990。

"创造"或"创造者"这一表述。

17和18世纪开始有人使用创造这个词形容艺术家的活动。有一位波兰人说诗人是在从事"创作"（confingit），从事"新的创造"（de novo creat）；甚至说诗人"如上帝一样"（instar Dei）从事创造。法国启蒙思想家伏尔泰说："真正的诗人都是创造性的。"19世纪的意见是，艺术就是创造，而且只有艺术才是创造。而到了20世纪，创造性被认为也属于科学家，甚至自然界本身（亨利·柏格森有《创造进化论》一书），创造这个词有泛化的倾向。

虽然创造或创造性这个词语被普遍使用了，但这个词的含义并不清楚。塔达基维奇发现，这个词有三种用法：第一种指神的创造性（C1）；第二种指人的创造性（C2）；第三种才是指艺术家的创造性（C3）。

神的创造性（C1）最根本的含义是从虚无中创造出，是通过指令（order）完成。而人的创造性（C2）在19世纪末和整个20世纪里其基本含义似乎是新奇性，用今天的话说是创新。今天所有精美的产品都出自创造性的个人。而当用于人的创造性概念被用滥时，还反过来对艺术的评价发生着作用。在一定的意义上说创造性也成了筛选数量过多的艺术品的尺度。艺术家们唯新是瞻，唯恐没有新的风格、新的形式，而一些最极端的批评家们甚至说，只要表现出创作性就行了，而创造出来的东西（作品）并不重要。

那么，适用于艺术家的创造性概念（C3）应保留什么含义呢？塔达基维奇认为有两种含义可以考虑。一是一种比较宽泛的创造含义，即创造对于人来说的基本规定性。人不可一日而无创造性；没有创造性就没有了人。第二种含义是指一种虚构，即艺术形象的创造。而在所有艺术创造中，语言艺术尤其是诗又被视为最高的成就。因为语言艺术最终是口头传达的，所以与神那种从虚无中创造的方式最接近，而与日常生活中各种实用器具的制造差别最明显。塔达基维奇认为，这样的概念虽然不是很清晰，对美学来说可能是最有用处的。因为它可能最为简要而准确地概括了各种艺术的特征。

我们大致赞成塔达基维奇的意见,并认为创造这个术语对于艺术而言的两层含义是互补的、缺一不可:没有上述第二个含义则第一层含义太空洞;而没有第一层含义则第二层含义太滥。在我们看来,艺术不是任何人的异想天开或白日梦,艺术是人类向自己理想进发的领路人、牵引者。艺术作品的根本内容就是这种创造性探索的结果,就是人们对生活意义的体验、对理想人格的塑造和对世界的希望。这一点最终决定了什么是艺术,什么不是艺术①。艺术的创造性本质向艺术作品提供了根本的内容(生活意义)。

塔达基维奇还认识到,在美学史上,用创造性来概括艺术的特征比用美或精美来概括艺术甚至引导艺术的走向要更恰当。精美只能概括古典的艺术,而20世纪的艺术更多创造性而未必都精美。这就是说,在"美"无法胜任艺术的定义后,人们决定启用"创造"。

四、创造:对西方古典艺术理论的重新理解

从塔达基维奇对创造概念的梳理中,我们甚至可以看到在柏拉图乃至整个中世纪艺术理论中的一个新的线索。尽管希腊人并没有创造一词,但对创造尤其是艺术创造是非常推崇的。欧洲中世纪的宗教对某些世俗的艺术形式予以压制,但对《圣经》那样的文学作品中的深刻寓意却反复地咀嚼和体味。

当柏拉图用模仿定义艺术的时候,他实际上说到了两种模仿,或者

---

① 比如杜尚的《泉》在我们今天的理解中,仍然算不上艺术,而只能是对特定历史时期的艺术潮流、艺术概念的挑战或反讽、挑衅;而《4'33"》如果不是一种新的艺术形式,也很难被称为音乐艺术。这些东西如果仍被放在艺术的范畴中理解的话,至多是一些很零碎、很表浅的东西。这样的"作品"以及我们的判断,都还需要经历时间的考验,被历史淘汰掉的艺术作品和艺术理论还少吗?!

说有两个层次的模仿。对绘画、雕塑甚至戏剧表演艺术他是十分轻蔑的，而且极为不放心，因为它们是"模仿的模仿""影子的影子"，是照镜子式地对已有现实表面样式的描摹。但还有第一义即直接的模仿，那就是诗，像荷马那样的盲诗人唱出的诗，以及一些音乐作品，因为这些艺术家是借助神灵的凭附，借助迷狂，靠对理念的回忆，传达出神的旨意，传达出真理；而且这种模仿没有可供依据的规则。今天看，这种有如神助的灵感过程，不正是一种"从虚无中"的艺术创造吗！

根据这样的理解，古罗马及中世纪的基督教神学家们的艺术哲学思考也值得重新解读。去除了宗教的神秘，普罗提诺的流溢说或照射说、托马斯·阿奎纳美的三个特征中的"辉光"都是对艺术创造性的讴歌。最后是但丁，这"中世纪的最后一个诗人、同时又是新时代的最初一个诗人"，将前人用光、磁力、源泉、辉光所隐喻地表达的内容用"寓言"一词说了出来[①]，这种寓意是如此深奥，却又如此鲜明、确定而无可怀疑。

可见，用创造或创造性定义艺术是一种大势所趋。而如何将其具体化、系统化，让其在实践美学中左右逢源、恰如其分地发挥作用，也展开自身的丰富蕴含，还需进行深入的思考和理论构建。但这里可以指出，对作为一种方法论的语言分析，我们所强调的是对历史和理论传统中各种文本的整体的、综合的理解与对话，尤其要能抛开不同文本、理论字面上的差异，揭示其底层蕴含的真理。对于人文学科来说，这才是它最基本的工作模式或者叫方法。

与此同时，对于西方哲学中的神学传统我们也应合理吸取。费尔巴哈已经说明神的本质就是倒置着的人的本质。马克思的意思是要将倒置了的东西重新颠倒过来，是积极的扬弃而不是将其简单地抛弃。离开了对人及其命运的深切关怀，我们的理论和生活已经有了极为惨痛的教训，

[①] "致康·格朗德的信"，转引自朱光潜：《西方美学史》上卷，人民文学出版社，2004，第122-123页。

但是人及其自由应该如何论证呢？其实艺术正是切入这一问题的首选之途。

五、艺术作品与艺术活动：创造概念的展开

我们说艺术的本质是创造，而且是对生活意义的创造，对人自身存在样式的不断再创造。但这样的规定毕竟还笼统，与人的各种活动方式、与人文学科其他部类的活动方式没有细致的区分。另外，以前人们以美或审美定义艺术（如鲍姆嘉通）时，实际上是将艺术视为感性的、不那么清晰的认识方式，但无论我们接触到的艺术作品本身多么难理解，我们并没有感到自己眼花或耳背，艺术作品本身的介质、它的形象性可以清晰地被感受到，显然不宜用"模模糊糊"来描述我们对艺术作品的感觉。因而在我们用创造来规定艺术的时候，也需要进一步说明艺术的创造性是以何种方式成为现实的。这样我们就需要考虑什么或怎样才"是"或才"有"艺术作品的问题。我们必须进入细节。

海德格尔就不仅把艺术定义为"真理自行设置入作品"，而且还十分细腻地辨析了"艺术作品的作品存在"与"器具的器具存在"的区别、与"物的物性"的关系的问题，这其中涉及"世界与大地"之间"宁静的""争执"、"裂隙"、"姿态"（Gestalt）、"冲力"、"创建"等一大批概念。海德格尔知道，只有说清了这些相关的概念，对艺术本源的定义才不再是"先入为主的"。创造也必须经过一系列中介环节才最终履行了自身的历史使命。事实上，海德格尔的艺术哲学、艺术理论很有必要进一步细致地理解和介绍。只有在这种深入的对话当中，我们才可能更自如地吸取他思想的养分，使之变成我们理论中的有机成分。

（一）创造性与艺术作品

艺术或创造性的第一个展开方向与艺术家的创作活动及艺术作品相关。海德格尔这样描述这一过程："艺术让真理脱颖而出。作为创建者

的保藏，艺术是使存在者之真理在作品中一跃而出的源泉。使某物凭一跃而源出，在出自本质渊源的创建着的跳跃中把某物带入存在之中，就是本源一词的意思。"①这个过于晦涩的说法尤其是译文显然需要解释。

艺术家的创造活动通常被认为发端于一个灵感，其实是本质直观的产物。这里有观念，有理想的成分，但往往又有高度形象化的特征。它是一个意象或意象的母题、主导动机。只是相对它后来在作品制作过程中的展开，以及在流传过程中得到的解释，尤其是用理论语言、哲学语言进行的解释才显得不够清晰。但其意向是明确的，冲动是强烈的，因而这个意象是极具冲击力、震撼力的。如果说艺术家对生活意义的思考还像是一种发现意义上的创造，那么他所获得的意象却是一个从虚无中产生出的意义上的创造。一件伟大的艺术作品就是一个新的世界，就是对整个世界的根本改变。而且，所有伟大的艺术创造都是唯一性的，是一个海德格尔所说的"Da-"。

继而艺术家要将其意象以清晰的形式要素确立下来，并以特定的物质媒介、艺术语言使其成为可为人感知，因而可以普遍传达的。在这个过程中，艺术家也不断创造、丰富着艺术的风格和技巧，创新产生各种新的艺术流派；海德格尔所讲建筑神庙所用的石料，才终于将其"物的物性"的"真理"带入"无蔽"和被"照亮"的"保藏"状态。

如果我们循着这个思路进展下去，那么现代社会两个最主要的艺术定义模式——形式论和表现论的合理内容就都可以被吸取进来。艺术不仅是某种直觉或情感即对生活意义的揣测、追求的表现、表达、表出（to express）；而且必定是以某个鲜明的形式（表象、符号）给出的。表现与形式是同一个创造过程相辅相成的两个方面。

---

① 海德格尔：《海德格尔选集》〔上〕，上海三联书店，1996，298页。

（二）创造性与艺术活动

尽管艺术作品是由艺术规定的，但艺术作品的存在反过来确证了艺术的现实性，使对艺术种种经验性研究得以展开。但是，艺术作品仍然只是有限的艺术。相对于人类整体庆典和狂欢式的艺术活动，作品仅仅是一个"道具"，是一个意义有待于不断充实和展开的"半成品"。因而艺术在现实性方面还有第二个展开方向。这个方向往往被人们简单地界说为审美鉴赏或者接受，其实"鉴赏"或者"接受"这种主要表被动的概念是不够充分的，受众这个概念只有经验上的意义。

接受美学家伊瑟尔（W. Iser）著作《阅读活动：审美反应理论》的英文本译者威尔逊（David Welson）对书名中反应一词的翻译有一个说明："德语'Wirkung'包含了效应（effect）和反应（response）两重意思，并不具有英语'反应'（response）一词的心理学涵义。而英语'效应'（effect）一词用来传达有时是太弱了一些，使用'反应'（response）一词也会带来小小的混乱；既然左右为难，我最后就选择了反应（response）一词。"① 这个注释对于我们理解"接受美学"（Rezeptionstheorie）尤其其中"接受"这个词具有重要的提示意义。接受不是一种被动的受纳，而是一种职责或责任（responibility）。

我们在研究史前艺术的时候，强调史前人类制作工具的场所的重要意义；强调史前人类工具不在狩猎现场被保存的意义；唯当如此，工具将成为典范，工具更鲜明地表现为符号，并且成为各种带有原始神秘色彩的庆典仪式上的道具。与此同时，原始符号的意义不断被约定，并逐渐分化成为正式的艺术创作与艺术作品。在人类早期阶段的艺术活动中，我们尤其可以看清创造这个词作为动词（to create）使用时的那个结构。按照我们的理解，所有用系动词 to be 所断言的事物其实都是行为动词

---

① ［德］伊瑟尔：《阅读活动》，金元浦、周宁译，中国社会科学出版社，1991，第1页。

to do 的结果。人类的语言是从行为转换过来的。所以语言分析应该被追溯到存在论的基础上去①。

现代社会带来了个人的问题：既有人格、个人尊严与权利的确立，也有人的异化的现实。在艺术领域，则凸显了审美与艺术创作的主观特征、情感心理特征以及天才的问题。个人发展的同时，社会却出现了种种裂痕、冲突，甚至瓦解的倾向。这时，艺术活动的完整存在形式也因而被遮蔽了。这个问题在包括马克思在内的欧洲大陆哲学传统中比较多地予以了讨论。诗（悲剧、诗人）与现代社会的关系问题是其中一个很可以好好梳理的主题。同时，解释学和接受美学都重新提出了艺术游戏的完整性问题和艺术作品完全的生成过程问题。

伽达默尔将艺术作品置于游戏结构之上，有力地消解了艺术家的权威地位；接受美学更是将作品看作一个有限的中介、一个未完成的"毛坯"。这样的理论重新将艺术置于社会生活之中，置于生活的意义在主体间的理解与约定的生成过程中，强调了艺术与存在的相互依存关系。只有这样，今天的艺术演出场所、博物馆、展览厅和广场甚至各种旅游目的地的神圣性、仪式性时空属性才被揭示出来。这就是伽达默尔所说的"游戏自有其严肃目的"的本意。人们的休闲、偷闲或进入虚拟空间正表明其重返神圣时间、本真状态和重鼓思考的勇气的努力，人们的"虚"构行为其实不是为了造假，而恰恰是要造"真"，即"让（真理）在"。这里非常明确地指出，艺术创造是一种集体行为，是一个文化共同体的基本实践。这就取消了对艺术创造的主观任意性的指控。

这样一种理论不仅对现代性构成批评的尺度，而且也可以被用于对后现代社会中艺术与创造活动进行分析。根据一些"大众文化"理论，据说本很精致的"艺术"堕落而成为平庸得多的"文化"。但从"接受"或创造活动的角度看，由大众媒体所串联起来的全球公众，更有可能通

---

① 参阅章建刚、杨志明：《艺术的起源》，云南大学出版社，1996。

过虚拟空间（例如网络），实现同时在场（present, being），并因而人声鼎沸、笑语喧哗，全球公民的文化权利得到具体的落实，对生活的意义有了切肤的、直接的表达。倒是现代社会精英意识很强的现代主义、前卫艺术与大众背道而驰，几乎把自己送上了绝路。

　　对于一个适用于各门类艺术的、统一的艺术概念，我们这里仅仅给出了一个建议，即以创造定义艺术。这个定义是将艺术放在哲学人类学背景下直观得到的，如果不是这样，我们就无法理解整个文明的历史，无法理解人的高贵性和能动性。我们也对这一定义的进一步展开做出了瞻望。我们看到，人（类）的艺术活动就是人不断超越的本性的表现，艺术作品是其媒介和工具。对创造活动的全程我们要给以更详尽地描述。事实上这个过程还有更复杂的若干方面需要揭示。

何谓"审美文化"?①

一

我国美学界近年相对沉寂,但仍有一个热点出现,这就是"审美文化"。这一术语可以说是道地的"国货",而非"舶来品",但它的含义至今不很清楚,使用中多有相互抵牾之处。

例如,不少作者用它指艺术的商业化倾向和大众文化生活中的庸俗化倾向,甚至是指开放政策带来的消费、娱乐和鉴赏趣味上的"后殖民"倾向,因而主张对它进行"批判";而同样的一批作者在另外的场合却又可能谈论审美文化的"建设"或"建构",我想他们的本意显然不是要为一种不良倾向推波助澜。

又有一些作者谈论"审美文化"(或"大众审美文化")对于"消解"传统美学的积极意义,谈论它走向市场、面对消费的合理性,但最后却承认在市场化的过程中,"上帝"即消费者的个性与选择并没有得到尊重和礼遇,于是这一事件显得是文化商品的制造者和消费者双方的"沉沦",同时让其吹鼓手感到了尴尬。

再如一些作者用"审美文化"这样一个明显具有褒义的词语冠诸文化生活诸现象之上时,看到的却尽是艺术作品和艺术家的堕落,是丑恶和亵渎,是暴力和性,是自暴自弃、调侃和放纵,……甚至不少作者描述概括这些现象的"话语"本身就足够"煽情",就有足够的"可消费性"(像"精英文化零散化""大众文化肉身化""意识形态话语后殖民化""文化消费正式化""乌托邦话语失真化"等等)。既然你们看

---

① 本文发表于《哲学研究》,1996 年第 12 期。

到的是满目疮痍，又何必用"审美文化"这样美妙的术语去规定它呢？你又根据什么把这些东西称作"审美"或者是"文化"呢？

另外对于"审美文化"的研究者来说，认真的审视显然也是不够的。一些作者似乎没有或不愿区分"审美文化"和"对'审美文化'的研究"，把"审美文化"与"美学"也等同起来；另一些作者则意识到对该概念进行定义的重要性，却自觉不自觉地走向歧途。例如有的作者以较多精力确定"文化"概念，然后把"审美"的属性附会在"文化"的各种规定性上；另一些作者则在说明"审美"特征时依然强调其"超功利"或"纯形式"的属性，殊不知对"审美"的这种规定正是以"认识论"为特征的（可以追溯到康德的）"传统美学"（或近代美学）的特征与主要偏差所在。

为什么会陷于这种左右为难、进退维谷的境地呢？我以为这里既有看待历史的方法问题，又有理论思维中概念化的问题。

二

对于近年来所谓"审美文化"现象，人们完全有理由给予积极的评价。对于市场发育和社会的现代化转型而言，对于"人"的解放和思想的解放而言，对于大众教育水准和文化素质的提高而言，它都是一种正常的、合乎情理的表征。人们当然不能设想，那些刚刚离开土地，割断了自己的血缘、地缘关系并脱离了原有的文化与伦理结构，在相当恶劣的城市条件下，努力施展和拓展着自身才能和潜能的农民们、小镇的工匠们，会一下子就追求和适应所谓"高雅"的艺术与那些有较多文化蕴涵和思想性的"现代艺术"；无法想象那些在迅速多变的市场化转型中，在极不规范的竞争环境中，"一不留神"就"先富起来"的阶层成员会"正确地"支配他们到手的财富，过一种"合理、适度"的生活；也难以想象更多不适应或不完全适应社会转型和在转型中没有取得预期中的成功的人们，会依然欣赏那些平和的、闲适的传统艺术。人们公认的那些"高雅艺术""严肃艺术"或"传统艺术"并不直接属于这样的社会生活，并不直接满足人们此时此刻的内心需要。

我们同样不能设想，在一个市场规范尚不健全的社会里，由巨大利益驱动着的商业销售会放弃利用"美的"（艺术的）形象、诱人的话语推销自己的产品（哪怕是假冒的、伪劣的），鼓动人们的消费欲望（哪怕是低级的甚至罪恶的）；哪怕这样做是对艺术和语言的亵渎和冒犯。

而从另一方面说，相当多的艺术家们也为生计所迫，或为商业机会所诱惑，希望找到新的生活方式，从而改变了自己"传统的"或"古典的"艺术观念、创作方式和作品风格乃至格调，甚至放弃自己真正的职业和使命。

其实只要全面地了解一下文艺复兴后欧洲文化的实际状况，我们对它所作出过的"人权战胜神权、人性战胜神性"等评价就不再是一种空洞的赞誉。我们会意识到那其中不仅有社会的进步，也意味着新的问题和灾难。"人"的"解放"（"自由"）与健康人格的建立不是一回事，它们之间是有历史距离的。

这里的确有一种两难境地：你不要暴力和性吗？那么"人性"的解放几乎是不可能的；你要"人性"的彻底解放吗？那么势必有些人会"堕落"，会因铤而走险而犯罪，而被治罪，从而成为一种代价。人一下子"自由"了，他未必立刻就适应。这种"自由"也会令人（他自己和他人）感到恐惧。人的"解放"有时让人感到是野兽都从山里跑出来了，难怪有的作者警告说：现在不是狼到底来没来的问题，而是狼已经来了该怎么办的问题了。在这样的情况下，如果这些解放出来的人们在短短的几年中就表现出一种"附庸风雅"的倾向，让人相信"爱美之心人皆有之"，那的确已经是非常大的进步和幸运了，至于它的水准我们已无法苛求。更何况，在这些现象中还有着比较复杂的成分。如同人们常在文艺作品的审美成分之外看到政治宣传的成分一样，人们也会在另一些作品中看到纯粹娱乐的成分。那些娱乐成分如果不是混合在艺术作品当中,不是为了商业利益而不分时间、地点、场合,不分对象地向人兜售的话,人们也应当承认其存在的合理性的。就近年所谓"审美文化"的现状而言,我们完全应该一方面肯定其历史进步的含义,但同时又不满于它的表现或现状。

从另一方面说,一个民族的艺术或文化生活领域内出现一些,甚至比较多的低级趣味虽然不好却也并不可怕,真正可怕的是它的优秀作品不能面世,它追求真理的冲动被极大压抑。有了这个高尚的方面,那些低下的东西有可能仅仅是一种向上的阶梯;而没有这个高尚的方面,低下就成了社会时尚和风气。从我国改革开放以来的情况看,尽管思想解放的步子还不是很大,人文精神的弘扬还不理想,但无论如何这已经是21世纪后半期中最好的时期了,它不仅优越于极端文化专制的"文化大革命"时期,而且优越于"文革"前的17年。人们对于思想文化领域内几年一次的"反复"不很满意,但如果不能使所谓"左"的思潮与所谓"右"的倾向同时存在、相互制衡,那么某些特殊事件除外的二者交替出现也许就是最好的状况了。毕竟人们还在探索,而且的确有许多比较深刻的思想和相当优秀的文艺作品逐渐产生出来;它们会以各种方式引导大众文化的走向,在不断的磨砺下更新自身。人们永远不会生活在理想状态之中,但他们仍有理由并有可能永远抱着一种理想而积极地生活。在这个问题上,人们没有理由悲观。

这大概就是近年来所谓"审美文化"状况的本质。令人感到更有希望的是,几乎就在社会出现种种"审美文化"现象,表现出初步的"审美动机"的同时,对它现状的不满和批判也出现了,这是一种更高的审美趋向。在西方,从文艺复兴、工业革命到工业社会的实现和后工业社会的到来经过了几百年的历程,其文化经过(新)古典主义、批判现实主义,到现代主义和"后现代"诸流派也经历了几百年的演变,而中国作为一个发展中国家,其现代化过程不仅速度会比西方快,方式也会与西方不同，在一定意义上说，它的确是把现代化和后现代的任务并在一起去完成的。于是，这个现代化过程才可能是有中国特色的，这种特色也同时会表现在它的文化建设层面上。

三

从理论上说，"审美文化"不是一个很恰当的术语，把"文化"与"审美"组织在一起很像是一种重复。从根本上说，"文化"就是"审美"的；"审美"就是"文化"的根本属性。

但是，在特定的历史时期，如在西方的现代化时期和后现代时期，在中国当前的现代化时期，它可能具有特定的意义，或做一种让步的使用。简单地说，这样一些历史时期，人的生存状态难以令人满意，但又不能提出超越历史条件的激进目标，无法彻底改善人的生活状态，因此人必须有一种前瞻的态度，有一种理想，并使之与现实保持一定的张力。在"审美文化"这种同义语反复的表达中人们可以体会到一种"重返"或"复归"的愿望。

在这种情况下，现实是有缺陷的，而人的生活则保持着"审美"态度，向往着完整。在这样的前提下，我比较赞成说"审美文化就是使生活审美化"。可以说，所谓"审美文化"，是指当代人的生活和当代文化的审美化，从而保持人类的伟大理想和创造的活力。只有这样，我们才不仅能看到当代"审美文化"的历史趋势及其合理性，而且还能看到其中包含着的发展方向。这些方向显然是混杂在当代审美文化诸种现象当中的，而理论的清理和强化能使它呈现出来。

具体地说，在"审美文化"的概念中大致有以下三层含义：

（1）首先，我们说的"复归"要回到哪里？是回到史前人或原始人那里去吗？

我想，所谓复归是回归人的本性或本质，回到人的完整生活和真正的需要，而不是回到"左衽被发"的原始状态中去；所谓"复归"其实是逻辑上的"反思"。

人的本质在于他的实践活动及其以实践活动为核心的全部生活方式；人通过依赖于特定中介的实践活动而历史地塑造自身。这种特定的中介就是包括工具在内的符号系统。换句话说：人的本质或本性在于他能进行符号性活动。他的符号活动创造出人类历史上的全部文化，从而也在自然的背景上塑造了自身的形象；在理解、改造、利用和保护自然的过程中，同时也是在认识、协调和丰富人与人的关系的过程中定义了人自身。①

问题是文明的进步也许就是在中介环节即符号的不断增加及其结构复杂化的过程中实现的，但相应地，它并没有造成全面发展的人，即有全面的生产和消费能力从而不断实现着自身的人；反之它造成了人的片面化趋势。于是一个根本性的问题产生了。在人类比较简单的原始阶段，不仅生产和消费的环节比较接近，人与人的关系非常接近，更重要的是生活与它的意义更为接近，人的生产活动与它的目的极为接近。这时人几乎随时都可以回到自身，他的手段与目的极其接近。这些相距不远的目标不仅看得见，摸得着，而且总在实现的过程中。可文明的发展使其间的中介环节增加了，这本身原也没什么了不起，反而它培养着人的更多的能力及相应的心理张力。问题在于这个过程对于所有人似乎不一样，逐渐地竟有许多的人甚至多数人与生活的意义、目的失去了联系。许许多多的人忘记了生活的根本目的，而是以各种中介环节及其中介物为他们活着的目的，例如粮食、布匹，或者财富，甚至就是钱、权力，等等。

所有那些中介物，粮食、布匹、财富、权力等等，当然都是符号，但这时它的符号属性却不见了，人们不再重视它的所指，而是注意它的

---

① 章建刚：《马克思主义实践观与符号概念》，载《哲学研究》，1993年第3期。

"物质性"。这时人自身就"物化"了,忘记了自身存在的目的,停在了路途当中或是误入歧途而回不到自身,回不到家。或许我们不必夸张人类生存的神圣性,我们不必虚设一个"乌托邦"悬挂在前方,问题是人连自己真正的需要都会忘记,他的确会不知道自己究竟需要什么回馈,这样他就忘记了自己生命的存在。

我们对自然有所需求,但人们现在仅仅为了使更多的资源被自己而不是别人占有,就拼命地开采,他们甚至不问这些资源将如何利用。于是他们开采的量大大超过了实际的需要,也取消了更多利用的可能性,因此可以说他们是在破坏资源。更可笑的是,为了治理他们抢夺资源所造成的污染或公害,人们不得不再耗费一些资源。更可悲的是,不少人为了得到生存必要的那份资源,而失去或放弃了在劳作中的乐趣和创造性,原来的符号活动变成了单纯的工具操作,创造变成了被奴役。

广告的巨大诱惑力来自商家和广告业主双重的利益驱动。商业及其广告还经常制造一些虚假的"需求",它们把以前人正常的需求分解,然后片面地放大,极尽夸大之能事。人们受广告的误导去购物,不仅买回华而不实的消费品甚至假冒伪劣产品,还为欺骗他的广告付了款。符号的运用缺少了真诚和对其所指的不懈求索,其结果就是欺骗。

所有这些事例都说明人确有可能忘记自己的真实存在,忘记自己的符号本性、创造本性,他们被实践的中介物所羁绊,回不到自身的目的,甚至误入迷途。在这样的社会状况下,审美文化有提醒人们返回自己存在、生命的本源的意思。当代人在工作中与工作后对审美文化的可怜追求以及相应的、并不完美的审美文化产品也在一定程度上表达出人对回到真实生活状态的渴望。人们希望,即使工作已经成为生存权利的让渡,成为与魔鬼的交换,那么就让休闲、休息更多地保留一些人性;人们希望在不那么美满的生活中始终保留一点理想的光辉。

如果人们回到或是接近了这种本源的状态,那么,不仅他自身会发挥出更高的创造性,获得更多的体验和幸福,表现出更多的尊严,不仅他的人际关系变得更融洽，进而使整个社会变得更加和谐，而且他与自然的关系也就会回复到一种更亲近的状态，这时倒未必需要向所有生命的"物种"宣布它们永远意识不到的"权利"。

（2）其次，既然"审美文化"是提醒人们注意自己生活的真正目的，提醒人们反观自身，那么它必定是以艺术为核心的；"使生活审美化"就是要将艺术的方式、要素或某些成分引入到生活中去，让它在生活中扩散，以发挥日益增加的影响。今天所谓"审美文化"的实际情况也正是如此。

古代或者远古的生活就是艺术，是那种相对完整、和谐的创造与鉴赏、生产与消费的统一。人类的艺术始终牢记了自己的使命，努力去体会人生，理解人生，并把真理不断地说出来。艺术家们创造出大量卓越的、不可重复又无可替代的艺术精品；他们永无止境地创造和解释的冲动甚至使他们向自身的传统宣战，以使任何想使之停顿下来、固定下来的企图破产；于是不仅他们的作品是不可重复的，而且他们的风格乃至艺术概念本身都变得像是一条奔腾永不停歇的河流。正是这样的作品、风格和生活方式始终激发着当代人的生存意识、创造冲动和想象力，诱导着他们的模仿和鉴赏，主导着生活的趣味和时尚。例如我们会在今天相当"贵族化"的时装甚至相当大众化的工装或休闲服上看到蒙德里安的影响。

艺术又是敏感的。它为当代人生活、劳作中的悲剧进行抗争；为人们战胜奴役而欣喜若狂。为此，它不惜扭曲了自身。这一点，只要看看蒙克，看看达利，看看毕加索；读读波德莱尔，读读卡夫卡；听听勋伯格就很清楚。

我们说过，艺术对自身也是毫不留情的。现代派艺术诸流派甚至意识到，文艺复兴时期，达·芬奇和米开朗吉罗等一批大师借对希腊艺术的高扬所建立起来的一整套典范（如透视法等）仍然不过是工业、技术和科学发展的对应物，是它们在艺术领域的逻辑推演。因此现代艺术对古典主义做了相当彻底的背叛。或许这种反叛过于激烈、极端，然而无论如何应该意识到，这种种刺耳的声音都是为了人，是以自由的名义做出的。这是艺术在作"重返"的努力。近代尤其20世纪以来的艺术意味着与科学的区分。与逻辑的、理性的、冰冷的科学思维相比，它意味着强调直觉、神秘和温情的人文关怀和对生命意义的执着探索。

近代以来的艺术还一直强调作家创作的自由和作品的独特性，因此它也使个人获得了一种存在的境界，使在资本主义或工业社会中得到人身解放的个人（person、individual）获得了一种理想的人格（personality、individuality、identity）尊严。与异化状态下的人相比，艺术意味着个性和一种属于个人的、相对自主和完整的生活，意味着人回到他自身。

与此同时，艺术在不同民族、文化与价值观念的交往中显示出特有的宽容。当代世界也许只有艺术的交流是最融洽的，在这些艺术中人们可以看到不同的文化成分与趣味是怎样交织在一起的。所谓"后现代社会"中的艺术更清晰地表现了这一特征。

当然，艺术与艺术作品是有分别的两个概念，因此，近现代以来的艺术也不断与自身的"媚俗"（kitsch）习气进行抗争，它要抵御科技手段、商业目的、城市娱乐、工业生产方式、现代政治和意识形态等的侵袭，防止自身陷落在这谜一般的中间环节中。

这并不是说艺术应该保持一种贵族气息，甚至成为远离尘世的宗教修炼。艺术之所以能在茫茫尘世中特立独行，而不是随波逐流，乃在于它的清醒和执着，它始终要创造新的生活方式，追问生活的意义。也只有在这种情况下，尽管今天的艺术不再属于少数人，尽管艺术已经"泛化"为"大众审美文化"，尽管已成为公民教育的一个重要内容，人们依然能够认出真正高尚的艺术，为它的魅力所折服，并让它引导着大众文化。

（3）我们讨论的是中国当前的"审美文化"。我们知道中国正在步入现代化的历史进程。但是，这种现代化不是孤立地进行的，它与西方所谓的"后现代"进程是同时性的，也是在日益交融的统一空间，即一个交往越来越密切的世界中发生的。因此，这个现代化只能是特殊的，有自己特色的。这种特色也一定在其"审美文化"中有所反映。概括地说，中国的审美文化将表现出更多的"游戏"色彩。所谓"游戏"并非一些作者在谈论国内审美文化现状是所指的那种"不严肃""无内容""无意义"或者"玩世不恭"，相反，它强调的是比自发的社会发展与个性形成更有序、有效，也更道德，这样的发展才更美。

极为广泛的参与性是这场游戏的主要特点。首先，是中国的艺术家更积极地参与到世界性的审美对话与创造活动中去；其次，是吸引更多的普通公众加入进来。作为一个"后发型"社会，这种参与也势必更多表现为"学习"过程，具体说是通过"教育"实现的。在中国，艺术教育日益受到重视，得到普及，而且艺术表演、展示活动等都一方面显示出向国外艺术（作品、表现方式与技巧等）学习的倾向，一方面表现为多少带有妥协意味地向普通公众的普及和传播。

游戏即是对话。这场游戏的参与者将把各民族的文化传统、行为差异带到一个共同的游戏规则之下，并在努力的游戏活动中，使游戏中的真理逐渐显露出来，同时也使游戏的规则不断得到更新。这个过程实际也就是传统不断被扬弃和超越的过程。不仅东西方的艺术将有融合，中国传统的艺术也将获得新生。这样一个统一的过程并不会丧失创造性，相反，它强调的正是对人的不断塑造与重塑。任何积极的学习都会是创造性的，任何真正的游戏都会是神圣的。这我们只要看看奥林匹克运动会的进程就会明白。生活、商业和艺术的游戏化意味着理想成分的增加，意味着人的自觉，意味着发展本身。在游戏化的过程中我们将加速自身的发展，并更全面地加入到世界历史的进程中去。在这个过程中，我们也会创作出更多、更好的艺术作品——它们一方面向我们展示真理，开启出能让人直面真理的神圣空间与时刻；另一方面又保持着鲜明的个性色彩，展示着世界的多样性和未来无限多的可能性。

关于中国当代"审美文化"及其研究，这里还只是最简单且不够成熟的讨论。但只有从这些基本的方面做起，才不致在研究和讨论中造成混乱。这里的关键在于，一是对现实应该历史地看，即从其发展的方向上看；二是注意探讨概念自身的规定性，这里有事物的本质。

　　可以顺便提一句的是，一些作者说要对"审美文化"的"人文基础"和"主体前提"进行"重构"，或是运用"美育策略"提升"审美文化"的现实等，反映出与我们大致相同的理论意向。但他们为何要多此一举：先将"审美文化"这个概念废黜掉，再以"人文基础"或"美育策略"之类的术语取而代之呢？这些内容不是都蕴涵在前一个概念之中吗？理论与现实总有差距，不会完全符合现实，但理论、概念的张力、引导社会现实变革的功能不就在这之中吗？！理论或者概念自身的辩证法不也表现在这当中吗？！

现代化过程与艺术的命运[1]

现代化正成为我们日益临近的前景。在一定意义上说它是不可抗拒的，但在另一方面说，我们的现代化又只能是有中国特色的，包含了我们的选择。

从更大的范围看，现代化不过是人类发展的一个特定阶段、一个有限的环节。相比之下，艺术的生命力比它更强；作为一种符号形式，艺术有更重要的意义。在中国缓慢而坚定地步入现代化的过程中，人们看到了这一进程对艺术事业的极大冲击；同时人们也看到，艺术不仅依然履行着揭示真理的使命，而且还抗击着商业社会对它的腐蚀，于是美演化成了崇高。

具体到美学或艺术理论领域，人们近年较多地谈论到"审美文化"的问题。在很大程度上，这个术语不仅意味着比艺术更宽泛的疆域，还指向一种低于艺术的大众文化局面。与此同时，人们对艺术界的表现也颇多微词。对于这些现象，理论家们给予了不同的评价：溢美或者抨击。但除了态度的不同，理论家们在这个变化较多、学术风气稍嫌浮躁的时代，对有关的基础理论问题还没来得及做足够深入的探讨，于是就使对所谓"审美文化"现象的讨论仅仅停留在呼吁的水平上；对艺术在下一个世纪的发展趋势缺少信任。而要对这些问题有比较清醒的认识，并因此对大众审美活动现状形成引导，就有必要对现代化的含义和艺术的本性作一番回顾，作一点推敲[2]。

---

[1] 本文发表于祁志：《美学与艺术学研究》，江苏美术出版社，1997，第56—65页。

[2] 参见章建刚："何谓'审美文化'"，载《哲学研究》，1996年第12期，第64—69页。

一、现代化的含义

关于"现代化"这个概念可以作下面几点讨论：

（一）前现代、现代和"后现代"

如今时兴的话题似乎已不再是"现代化"，而是"后现代"。那么这个时代的根本特征已经改变了吗？在我看来，当一个时代的特征或名称还是以它以前的时代命名的，就已经说明它的基本性质还没有发生关键性的变化。其实即使在西方，所谓"后现代"的讨论也是有争议的、有异议的、有保留的①，更何况在中国这个正在迈向现代化的"后发型"或发展中的国家呢。就整个世界的范围讲，现代化还是一个远没有完成的过程。

我们曾有过"四个现代化"的说法，其实即使是从社会的基础层面

---

① 参见C. 詹克斯：《什么是后现代主义》，李大厦译，天津科学技术出版社，1988；丹尼尔·贝尔：《后工业社会的来临》，高铦等译，商务印书馆，1984；丹尼尔·贝尔：《资本主义文化矛盾》，严蓓雯译，三联书店，1992；弗·杰姆逊：《后现代主义与文化理论》，唐小兵译，陕西师范大学出版社，1986；利奥塔：《后现代性与公正游戏》，谈瀛洲译，上海人民出版社，1997。

美国学者丹尼尔·贝尔则把那种若即若离的感觉表达得相当细致。他说："对于我们生活于其中的西方社会来说，我们的感觉过去是、现在仍然是：它处于一种巨大的历史变革之中，旧的社会关系（由财产决定的）、现有的权力的结构（集中于少数权贵集团），以及资产阶级的文化（其基础是克制和延迟满足的思想）都正在迅速消蚀。动荡的根源来自科学和技术方面，也还有文化方面。因为，我认为西方社会的文化已经实现了独立自主。这种新的社会形式究竟会像个什么样子，现在还不完全清楚。它也不大可能具备十八世纪中叶到十九世纪中叶资本主义文明所具有的那些特点，达到经济制度与特性结构的统一。所以，'后'这个缀语，是要说生活于间隙时期的感觉。"他还说："后现代时期或者后现代社会不是一个定义，而只是一个问题。"

法国著名"后现代"思想家利奥塔（J.F.Lyotard）则接受同行们的建议，用"重写现代性"的说法取代了"后现代性"的说法。他说："'重写现代性'的优势取决于两个替换：从词汇的角度说'后'的前缀（post-）转化成了'重'的前缀（re-），还有这一经过修改的前缀在句法上被应用于动词'写'，而不是名词'现代性'。"这样，所谓的"后现代"就和"现代"一样，是对"古典时期"的不断"重写"而已。

或所谓经济层面说，用工业化、市场化和城市化来概括现代化的主要内容要恰当得多。这里工业化的基础在于技术的进步、分工和社会化大生产；市场化或商业化为工业化提供了运作上的方便；城市化则正是与集约化生产方式和更高的消费方式提供配套的生活方式。

有了这个规定性，我们立刻可以看到它与前现代社会的显著区别，也可以意识到所谓"后现代"社会究竟走出去有多远。

当然，所谓现代化不仅是个经济的问题，其他的方面也不可忽视。例如社会的民主化、法制化过程；观念上对个人主义、主体性和理性的构建、反思、批评与扬弃等等。在一定意义上说，西方的现代化与资本主义是同义的。

20世纪中叶以来的西方社会的确也出现了一些重大的变化。例如托夫勒等人爱谈的"第三次浪潮"，以及丹尼尔·贝尔提到的"信息社会"的问题、"服务性经济"的问题、"技术知识分子与文科知识分子的关系"的问题等[1]。这似乎是说西方现代社会进入了一个新的阶段。贝尔谨慎地叫它"后工业社会"。一些关心国际政治的学者则提到了与"帝国主义""殖民主义"相对而言的所谓"后殖民主义"等概念。

世界上许多第三世界国家正在迅速步入现代社会，甚至由于高新技术产业迅速引进这些国家，它们在一定意义上也同时步入"后工业社会"。例如在中国，已经建成了不少高速公路，大大提高了行车速度和公路运力。就技术而言，这应该是"后工业社会"的表现；但是，由于在依法管理和各地方利益协调方面我们还几乎处在"前现代"的水平，因此公路的利用率和行车速度难以真正提高。在这样的情况下，现代化表现出复杂的局面，仿佛是前现代、现代和"后现代"的特征并存。

事实上，世界正在各个方面趋向"一体化"，正在明显地和暗中里

---

[1] 丹尼尔·贝尔：《后工业社会的来临》，高铦等译，商务印书馆，1984，第20-42页、第54页等处。

实现着融合。在今天，一个国家想通过封闭的方式实现现代化几乎是不可能的。发达国家当年实现现代化的那种条件已经一去不返，例如全球的资源和环境已破坏殆尽、人口压力巨大而人口素质低下，发达国家提前实现现代化的确是以不发达国家的资源与不觉悟为条件的。这就要求今天的发达国家有更大的勇气承担历史责任，探索与发展中国家共同实现发展的有效、合理途径；也要求发展中国家在争取发展和进步时有不同于发达国家当年的新思路，能意识到简单的民族主义并不能最终取胜。

显然，"现代"并未成为过去——从世界范围看，经济的发展依然要通过工业与市场实现，国际市场还在扩大；社会的发展也总是伴随着城市人口与面积的扩大；社会的民主化趋势及这种趋势在国际关系上的延伸（通过联合国）是很明显的，人权的呼声日益高涨；在价值观方面，尽管极端个人主义和认识论的心理主义受到批评，但以普遍人性为基础的个人主义、自由意志、主体性或主体间性依然得到广泛肯定；尽管理性的观念受到冲击，引起人们的反思，但理性的疏漏也只能由更审慎的理性来检讨。从这种种表现看，历史并未进入一个全新的时期。更可喜的是，由于整个人类，尤其是第三世界人民的觉醒，我们也许可以说世界正处于"比较成熟的""现代社会"。这时尽管还有奴役、军事干预和战争，还有利益与宗教或意识形态的冲突，但绝对贫困在减少；国家间的援助、商业或政治的谈判、对话在增加；文化与价值多元在理论上得到承认，在此基础上一些共同承诺的游戏规则逐步制订和形成。和平与发展（含"可持续发展"）不仅是有希望的，而且也是人类在今天的资源与技术水平上继续生存的唯一方式。

（二）异化、技术进步与人的理想

现代化不是一个"乌托邦"，当然也不是地狱，它只是社会发展的一个难以避免的阶段。在这个阶段中，技术进步带来了社会财富的增加和生活质量的提高，也造成了人的异化。甚至有时科学技术的进步直接被用于对人不利的方面。武器的研制（原子弹、生化武器等）也许是最明显的例证，而各种实用技术在为提高企业的竞争实力与经济效益服务时，就有可能牺牲大多数人的利益。我们不想批评科学家或技术知识分子，人们真正关心的是对科学及其后果的全民抉择问题。

马克思敏锐地察觉到，在商品、在物的背后（严格说应该是在物的前面）其实是人与人的关系。现代生活的紧张来自人际关系的紧张，环境问题也不例外。人的异化正是他的人际关系的异化。作为符号动物的人本来是以符号作为实践的手段和中介的，以此实现他的社会性，并将生命提升为生活。但他们现在更多是以工具甚至武器相向，想把他人变成"物"，对其实现奴役，不料使自己也"物化"了。

在今天的世界上，对社会公正的关心已经超过了对效益的关心。经济伦理学的兴起是个例证；今年的诺贝尔经济学奖授予"信息经济学"的创始人又是一个例证。我们应该看到，在马克思逝世后的一百余年间，他的思想之所以表现出那么大的生命力，其原因就在于他对人的全面发展的关心，对人际关系和社会公正的关心。

这样我们也可以重新检讨一下我们对现代化的认识过程。在当年"四化"的提法中，尽管有一定的片面性，有对现代科技的迷信，但其中毕竟还有着社会理想的寄托。对于不少的中国人来说，现代化意味着一种理想的生活方式。我想，现代化含义里的这个方面有必要保留下来，事实上它也一直是存在着的。有了这个方面，我们对于现代化的理解就会不断深化，就会不断修正它的目标，走出一条有中国特色的现代化道路来。近年来，我们的现代化目标已经有所变动，最近一届政府对"可持续发展"战略的肯定和到2010年的发展规划已经表明了这一点。只有沿着这样一种思路，中国的现代化才可能将西方现代化和"后现代"的任务一起实现，才可能是有中国特色的。

（三）生活的意义、现代教育和美育

现代化势必带来经济增长、高收入和高消费，但经济增长与发展不是完全等同的，这就好像说生活质量的提高并不仅仅是高消费，美好的生活不等于穷奢极欲。重要的是生活要有意义。具体地说，现代化生活质量的提高不仅表现为耗能量的大幅度增加，而且也表现为人们对幸福和美的追求，对生活和生产的环境与方式有了更高的要求。这就是说，现代生活是越来越前瞻的，而良好的预见性在很大程度上取决于一个人的教育水准和大学及科研机构的进步。"后发型"社会的崛起也必然是从对教育和科研机构的重视和大量投入开始的。

对于富裕起来的人来说，生活是否有意义取决于他的教养，取决于他对生活的理解，取决于他的人格是否完整、健康。而所谓现代化造成的异化对于个人而言在一定程度上就是心理失衡和人格缺陷。在异化了的生活中，更多的人们要追问生活的意义问题。这是人们要过一般意义上的"文化生活"的目的所在。对生活意义的探求与表达在很大程度上说表现在文学艺术以及所谓"诗化"的哲学当中。

现代教育是伴随现代化发展起来的，它在职业训练上发挥出惊人的效率，随着科学获得长足的进步，教育也在分门别类地培养专家和能手方面表现了自己的特长。而同时，传统教育中完整的人文熏陶渐渐被忽视了。

传统教育（即贵族教育）中的人文内容也是需要进行现代变革的；等级制的观念必然被平等概念所取代。只有在人人都成为自由的主体时，他的人格问题、道德感问题才真正需要被考虑。从现代社会的发展过程看，当人们刚刚从封建制度的束缚下解放出来时，无论作为资本占有的一方，还是作为劳动力出卖者的一方，似乎都未意识到或来不及认识自己的道德责任与独立人格及尊严的重要性，其结果是在社会上造成了日益严重的冲突与对立。随着越来越多的人的觉醒，现代社会的稍晚阶段（"后工业社会"）正逐渐考虑如何解决这个问题。

丹尼尔·贝尔曾说在"后工业社会"中，大学将日益成为重要的社会机构，成为影响社会发展进程和社会生活趋向的中心。这样我们也可以意识到，21世纪以来持续不断的教改热情不仅是着眼于学制的缩短和知识的更新，也是着眼于完整人格的培育的。这样的认识同样适用于成人教育、继续教育领域。在这样的观点之下，人文教育，尤其是美育和艺术教育的问题变得尤其重要。

我觉得，对于我们所面对的21世纪、我们民族的现代化前景，上述几个发展趋势大概是最重要的。这是我们即将走进的社会现实。

二、艺术及其命运

在对现代化社会的瞻顾中，我们不断面对人文教育的问题，而在人文教育中艺术无疑是最重要的因素之一。在现代社会中，对艺术和美有了更高的需求。另外在对审美文化的考察中，我也是把艺术理解为审美文化的核心的[①]。但与此同时，我们不断听到人们抱怨，说艺术受到商业化的极大冲击，受到技术或高新技术的冲击，大众的审美趣味低下，高雅艺术曲高和寡，像形而上学一样受到冷遇。总之，艺术在现代社会的前景堪虞，而失去艺术的现代化将是人类的灾难。

我以为，如果这种担忧是合理的，那无非是因为我们离开文化专制的时间还短，人们对于"文化大革命"还心有余悸。可回想起来，在文化专制的条件下，不仅产生过政治色彩极强烈、艺术上相对通俗的《天安门诗抄》，也产生过一些政治意味不那么强烈而艺术上更刻意雕琢的"朦胧诗"。它们的发表都受到过限制，却也没有完全停止流传。比起当时那些阿谀奉承的艺术赝品，这些作品一旦为人们看到，将会带来更大的艺术享受和审美震撼力。

其实，一个社会有一些低水平的文艺作品并非大不了的问题，怕的是真正优秀的作品被禁止流传。这时这个社会不仅会变得平庸，变得粗俗，尤其会变得虚伪。这才是缺少艺术的社会的最大灾难。

---

① 参见章建刚："何谓'审美文化'"，载《哲学研究》，1996年第12期。

另一方面，人们（不仅是中国人）对西方现代艺术的发展也有一定忧虑，对那种过分膨胀的自我表现与宣泄有所不满。

实际上，如果我们对人类艺术的本性作一番回顾，就会对半个世纪以来，我们这个社会最好的发展时期的艺术创作、鉴赏和普及有一种基本的理解和自信；也会对西方社会在21世纪以来的艺术发展有一种正确的评价和展望。

所谓人类艺术的本性，可以作如下讨论：

（一）作为人类实践的创造性本质

人是符号的动物。符号就是人的创造。靠着符号创造，人从自然界中超升出来，甚至是将整个自然变成属人的自然。

我们说的符号不仅是文字，也不仅是人的思维工具，而是所有实践活动的普遍中介。通常，人们强调的是工具制造和使用在人类起源上的作用。这并不错，但要做更大范围的综合，尤其是考虑到工具及与工具相关的活动（即劳动）在异化了的时代的特殊状况，就非要用符号来表征才好。

这样说有两点需要注意。其一，工具也是符号[①]。人类最初的工具中存储着它完整的意义系统。时至今日，工具系统仍是人类整个符号系统的一个组成部分。不能因为人类实践水平的提高和分工的细致化，就忘记了符号中这个基本的部分。其二，把工具说成是符号，才更强调了人的社会性，强调了交往的普遍性。在一定意义上我们甚至可以说，离开了交往，就没有人的劳动。同样不能因为今天个人的活动能力已明显提高，就忘记了个人生活和生产的社会环境与社会条件。

迄今为止的历史表明，人类最根本的创造性就表现在符号创造上。符号中蕴含着两个基本方面的意义。首先是人的知识系统。人对外部世

[①] 参见章建刚："马克思主义实践观与符号概念"，载《哲学研究》，1993年第3期。

界的了解是随着他的实践活动而逐渐深化的,而我们对外部世界的了解随时都记录在我们的符号系统中。为了了解世界,我们要进行共同的实践,要有日益复杂的相互协作与配合。关于这些方面的经验和知识也随时记录在我们的符号系统中。

第二,在包括工具在内的符号系统中记录了每个个人的普遍权利。这是全部伦理学和善的基础。人对自然,严格说并没有道德约束的问题,自然的价值是自然物相对人的需要确定的。人与人之间则不一样,他人在一开始就不同于一件物品。你对待他就像对待自己。他的权利和你的一样,也是记录在人的符号系统中的。我们有理由相信,人类最初的定居生活是从工具加工场开始的,而人类需要这样一个共同的场合主要是为了约定符号(这时是工具)的意义①。这样就可以看出,人的权利并非天赋,而是在实践活动中逐渐取得的。在这个意义上,人的权利就是人的尊严。人的生活不仅是从工具与猎物开始的,而首先是从交往与沟通开始的。不是从能量摄取开始的,而是从意义的探询开始的。

有了符号,人的生命发生了质的飞跃。原先仅有生物学意义的生命成了有意义的生活,他的生活中增加了幸福的感受。而我们应该意识到并引以为豪的是,人类第一个特化了的符号系统,即一个既有专门的能指面又有所指面的刻画系统恰好就是艺术,就是我们在史前洞穴中的克罗马侬人的雕塑和壁画上所看到的那些创造物。

一种有意义的生活也是在符号的不断完善和对所指的不断揭示中持续着的。对符号的探索也是对人——无论个人的生活还是社会关系的塑造与修正,是对人的不断再创造。有了艺术,人的生活就成了有理想的、可希望的,就是在每一个当前时刻又包含了未来向度的。这样一种生活

---

① 参见 B.M. 费根:《地球上的人们》,云南民族学院历史系民族学教研室译,文物出版社,1991,第132—136页。

才是无止境的①。

在这个意义上,艺术的命运与哲学一样,是个思想的、命运的问题。现代社会对教育的倚重、白领和技术知识分子的增加、信息的爆炸都意味着对深刻的思想和高水平的整合、交流的需求与必要性增加了。在今天的条件下,想在没有思想和艺术,没有媒介与言论自由的情况下快速而健康地进入现代社会进程是不可能的。

(二)作为个性形成的条件

经写实到抽象,从人类早期的艺术中逐渐发展出不同的符号形式或符号系统,而其中最重要也最有影响力的无疑是文字系统。作为一种元语言的能指方面,它几乎注定是要与人类的语言发生联系的。那么,艺术的特殊魅力何在呢?艺术的方向何在呢?艺术存在下去的根据又何在呢?这就是艺术作为特殊符号形式的历史命运问题。

在古代希腊,人类第一份元辅音齐备的字母表暨拼音文字系统出现了。而恰恰是在古希腊,人类的艺术也攀上了一个新的高峰,打开了一条新的道路。无论从现存的希腊神话看,还是从它的建筑、戏剧、雕塑及工艺品看,希腊的艺术比起此前的艺术(如古埃及艺术)来,细节都大大地丰富了,对人(包括神祇)的性格刻画都达到了空前的水准。用马克思的话说,希腊艺术有着"永久的魅力"。而此后欧洲中世纪的艺术在细节方面恐怕是望尘莫及的。究其原因,倒不是说中世纪艺术的表现对象是非现实的(神),因而难以具体化;而是说,这时艺术的对象本身太概念化,人们更多的是要求规范,而不是发现。

由于同样的原因,文艺复兴后的艺术是具有充分细节的,是注意人的内心情感的细腻表达的。透视法的出现不仅是一种科学的观察方式,也是艺术自身走出的一条新的道路。这就是说,艺术符号又一次走在了时代的前面,它提示着个性的解放和完美个性的塑造。艺术创造的无限

---

① 章建刚、杨志明:《艺术的起源》,云南大学出版社,1996。

丰富性是由个性特征的无限丰富性支撑着的。

这里，符号对个体有一种优先性；艺术已经成为一种社会教养方式。艺术以新的成就向人们提示着此前全部的文明积累。任何个人你接触过的（无论哪种文化的）艺术作品越多，你个性发展的可能性和前景也越宽阔。在这个意义上，历史上的艺术精品不仅是不可重复的，而且也是无可替代的。

当然，任何个性的形成也不能与社会无缘。现代社会对个人的解放、对个性自由的强调也造成了另一种倾向。一些先锋艺术家甚至完全不考虑艺术接受的问题，完全不尊重艺术鉴赏者的存在。但由于艺术中蕴含着一种游戏结构，因此对于艺术家和艺术作品来说，艺术才是他（它）们的尺度，是一种主体间的构造①。换句话说，艺术家的称号、艺术作品的资格都是由艺术来认定的。尽管许多现代艺术派别标新立异，甚至不承认任何艺术传统的影响，那只是他们希望超越无法逾越的艺术的种种努力，甚至更多是他们的宣言，而不是结果。艺术永远是一种社会行为、社会关系；艺术家总希望他们的作品能让人了解，能流传于世，而不是相反。

这里我们应该提到经典存在的含义。艺术与科学有一种明显的不同。科学知识的更替总是使先前的体系被废黜、被取代，而新的艺术的出现永远不会把古典艺术作品完全排挤出去，相反它不得不面对与它的对话、竞争和较量。经典甚至是与艺术史不同的尺度，经典是超时间的，也就是一般所说的永恒的。这正是令许多现代派艺术家望而生畏甚至疯狂的原因。

这样说，并不表明我们对艺术形式过于忽视。相反我以为，艺术以其特有的形式手段表达了其他方式所难以表达的情感、体验乃至思想和

---

① 关于游戏与艺术的关系等问题，请参见H-G. 伽达默尔：《真理与方法》，时报文化出版企业有限公司（台湾），1993，尤其是第一部分，Ⅱ，1. "作为存有论阐释入门的游戏"等章节。

真理。我们只要看到历史上伟大的艺术家们在社会变革中总是走在前面就会同意这一点。其次，我们也并不打算贬低现代派艺术所进行的创造性探索。我的意思无非是说，现代派乃至"后现代"艺术的出现并不同时就将已往的艺术或艺术表现方式排挤出艺术领域，他们仅仅是开拓了艺术新的疆域。现代派艺术中的一部分迟早也会进入经典的行列。而在这个过程中，无论艺术家的个性还是普通人的人格结构都会得到锻造、修整和改造。

（三）作为社会理想与现代社会的抗争

社会学家和历史学家（应该包括未来学家）把现代社会分成了不同的阶段。早期的现代社会，尤其是作为先进入现代时期的西方资本主义国家的近代史受到了普遍的批评。这里，从封建宗法制度下解放出来的个人们似乎是凭着直觉甚至本能展开竞争，在科学技术的辅助下向自然和他人尽量地索取。其结果是，社会财富增长的同时环境恶化了，人际关系空前紧张，人类及其社会面对空前的危机。

人的解放似乎是分两步走的。首先解放的是自然的人，然后才是真正的人，即全面发展的、有个性或理想人格的个体。在第一步迈出去的时候，平衡受到了破坏，发财的人和破产的人同时异化了。在激烈的生存竞争中，人的体面、斯文和尊严都被忽略了；真、善、美已少有人能顾及，人类仿佛生活在巨大的阴影之下，心理受到巨大的损害。经过了两三百年的苦难，人类才慢慢意识到这种局面，并努力着手扭转这种形势。在所谓"后工业社会"的企业与社会中，在其国内与国际关系中缓慢地出现了一些变化。人毕竟要觉醒。而在这个过程中，艺术始终发挥着启蒙的作用。这个说法既包括了现实主义尤其批判现实主义的艺术，也包括了现代派甚至"后现代"的艺术。

艺术不仅对社会和人的异化表示了抗议（人们已熟知了作家巴尔扎克和画家蒙克），也对异化了的人的心灵进行疗救。多少艺术对工业化、城市化和商业化表示过愤慨，而对自然表示了怀念和回归之情。D.H. 劳伦斯的多篇小说对以矿山为象征的工业文明对美丽自然和健康人性的损害描写得令人心碎；格里格的《彼尔·金特》第二组曲第3段"回乡"、第4段"索尔维格之歌"则几乎可以说是现代人普遍的"怀乡""还乡"情感的表达。

现代化趋势对艺术的影响是实实在在的。黑格尔曾说："艺术对于我们现代人已是过去的事了"；并说："我们现时代的一般情况是不利于艺术的。"[1]黑格尔的说法还不令人紧张，因为他关心的是理念的自我实现。他的话可以理解为艺术在现代时期正向更高的阶段，即哲学过渡。艺术的消亡即是它的升华。但海德格尔又一次阴郁地重复了黑格尔的判断[2]。海德格尔认为，人们正是在一种肤浅的、拒绝了"思"的艺术体验和美学中缓慢地（长达几个世纪？）窒息了艺术。

海德格尔的话令人担忧吗？唯唯，否否。一方面我们不仅可以看到现代人的审美时尚变得浮华、浅薄，而且可以看到现代艺术尤其是一些现代派的艺术作品中的"时间含量"或"历史含量"要比在所谓古典主义作品中少得多，少得可怜。艺术家在市场化的环境中和速度崇拜的时尚下，心理远不如在教会和宫廷的环境中那样宁静，尽管此时对他们个性的压抑要少得多。这样现代的艺术作品一方面是开朗的、充分自由表达的，甚至是喧闹的，另一方面其真理内涵又容易是稀少的、平淡的。

然而我们也应看到，一方面是现代的环境使艺术家们发现了表达的新的手段，他们发现了在古典艺术中蕴含着的新的表达层面和表现要素；另一方面他们中依然不乏真正的艺术巨匠。例如经过了一个长时间的争议，谁还会否定詹姆斯·乔伊斯的《尤利西斯》在文学史上的经典地位呢？它在结构上的精巧构思和深刻蕴含、它在人物刻画和语言表达上的

---

[1] 黑格尔：《美学》，朱光潜译，商务印书馆，1979，第15、14页。
[2] ［德］海德格：《林中路》，孙周兴译，时报文化出版企业有限公司（台湾），1994，第57—58页。

纯熟老道又有谁会视而不见呢？尽管这位当代的文学巨匠生前并没有获得应有的声誉，更没能将其伟大巨著充分市场化，他的生活与其伟大作品相比极不相称。他和荷马、米开朗吉罗一样，是他们那个时代的供奉或牺牲品。

或许现代社会因其自由而有了太多的艺术家，也因其过于自由而缺少深刻的力作。但人类毕竟是太挑剔了，人们不允许艺术水准在原地徘徊，他们在所有经典作品之后要求新的创造性，要求更大的自由。这就使当代艺术众多的作品中难以有真正的精品脱颖而出。

或许我们还应提到1979年获诺贝尔文学奖的希腊诗人埃利蒂斯。他的时代不是以被许多论者定义为"后现代"了吗，尤其他获奖的年代？但是他是怎么说的呢？他同样引用了被海德格尔引用过的荷尔德林的诗句："在一个贫瘠的年代里，诗人有什么用呢？"他回答说："美和光明有时会被看作不合时宜或微不足道的东西"，但"无论我是否有权这样做，我都请诸位允许我为光明和清澈发言"。他以自己的诗歌证明了："来世包含在现世之中，正是现世的各种因素将重新组成另一个世界。升华，这个超越于我们的自然需要之上的第二真理，是我们绝对有权获得的，除非我们无能才不配享有这种权利。"① 这位歌者唱道：

> 当白日炫耀地佩戴七种不同的彩羽，
> 用千只炫目的棱镜将太阳围绕，告诉我，
> 是不是疯狂的石榴树
> 抓住了一匹奔马绺绺纷披的鬃毛；
> 它从不忧伤，从不懊恼，告诉我，
> 是不是疯狂的石榴树

---

① 引自"受奖演说"，转引自塞菲里斯：《英雄挽歌》，李野光译，漓江出版社，1987，第403、402、401等页。

在高叫新生的希望已开始破晓?[1]

艺术不仅要对工业化、城市化的趋势进行抗争,对异化的心灵进行分析、治疗,也要和商业化的腐蚀进行抗争,努力不落俗套、不媚俗、反对"kitsch"倾向。应该说,"大众文化"的出现是一个复杂的问题。一方面社会底层的大众也有艺术表现和追求的权利与冲动(而且是夹杂在反抗和娱乐当中的),否则他们还在什么意义上作为人存在呢?!另一方面,这种艺术冲动或者宣泄又过于本能,太少理性精神和艺术含量,迫切需要(却不可能一下子)提高。因此现代社会的艺术在一定意义上像宗教,既有崇高的追求,又要有相对通俗些的形式。这时的审美文化才能是一种回归:回到感性、回到个性、回到乡村、回到目的,而且同时就是升华。

如果我们在纷乱的当代社会及其艺术表现之下,能看到艺术的基本特性,并如此地估价艺术的成就,那么我们对黑格尔和海德格尔的预言就不一定报同等的悲观,尤其是在我们准备现实地、积极地和建设性地面对明天的时候。

三、留下的问题:自觉的艺术创造和审美文化建设

尽管时代有些新的特点,有危机和警号,但假如艺术的本性是这样,我们就没有必要为艺术的前景担忧;而只要艺术存在,时代也是有希望的。

但既然人是自由的,他的每一个行动就要在善与恶之间选择。现代社会不仅将使生活变得丰富多彩,也显示出诸多的诱惑;尤其对于艺术家与艺术作品来说是这样。因此在现代社会(或"后工业社会")中,

---

[1] 塞菲里斯:《英雄挽歌》,李野光译,漓江出版社,1987,第278页。

艺术也有危机的一面。所有的人对艺术都承担着道义上的责任，于是就有了对"审美文化"的讨论和自觉的艺术创造及审美文化建设问题。

　　本文未及具体讨论"审美文化"的建设问题，但我想，当这一问题被放到现代化和艺术本性的背景下，就已经得到了一定程度的澄清。因为从特定角度看，"审美文化"讨论的理论意义就在于对艺术的现代命运的关怀。进一步的讨论看来只有留待将来。

全球化进程与民族艺术研究的新课题[①]

就像二十多年前起步的改革开放，今天我们又经历了一个重大的历史时刻，那就是中国正式加入了"世贸组织"。今后20年中国社会的发展变化可能比此前20年还大，我们的人文科学，包括民族学，也会发生更大的变化。我以为，国内的民族学与民族学的艺术研究应该在这个历史时刻，进行一些深入的思考，更自觉地展开新时期的研究工作。这里我想就相关的三个问题发表一些极不成熟，甚至有些外行的意见，以引起同好们的关注与批评。

一、民族学的"后现代"问题

回顾前20年的国内民族学研究，可以清楚地看到一次"话语转换"运动。随着实践标准讨论、美学和文化讨论的深入，以前制约了民族学研究发展的封闭、僵化的意识形态话语逐步被放弃；先是从资料上，然后是从理论框架上，学者们要与国际民族学界"接轨"，19世纪以降的各种人类学、民族学理论先后被介绍或重新介绍给国内民族学界。显然，"话语转换"运动就是思想解放运动，就是与时俱进。问题是当进化论的或是功能主义、结构主义的民族学理论刚刚从底部支撑起我们的一些研究时，"后现代"思潮又来了，那些耸人听闻的说法如"解构"与"反讽"、"边缘化"或"拒斥宏大叙事"、"折衷"和"脱离权威范式"等等，大有将前辈的理论一扫而光的劲头；加上我们一些不求甚解的转述和媒体的"炒作"，着实让那些一直抱着虚心学习态度做学问

[①] 本文发表于《民族艺术研究》，2002年第1期。

的学者感到尴尬、无所适从。

在人类学、民族学的历史上，民族艺术的研究曾是十分引人注目的。艺术因其能先声夺人、价值取向明确、诉诸直接的视听感觉表象，几乎总是最先映入闯进异文明的民族学家的视野。格罗塞、鲍亚斯、普列汉诺夫、希尔恩等堪称人类学经典作家的人都曾将小型社会的艺术当作他们关注的对象和理论的例证。而今这些艺术人类学的基础理论早已不被人认真看待了，尖锐的批评说："几十年来，许多作者已经揭示了潜在于我们那个在很大程度上是靠想象构造的有关其他原始民族的看法之下的复杂观念体系。在原始民族的表象上既有我们对于野蛮状态和性放纵的幻觉，也有我们对未受侵蚀的理想人性的憧憬。对原始艺术的传统处理一直是这种对'原始人'的混乱描述的一个部分。"① 这样的批评甚至对于我们的某些作者也是适用的。20世纪中后期的美学理论确实已不同于19世纪及20世纪初期。"小型社会"的艺术问题在"后工业社会"中甚至变成了"旅游艺术"（旅游纪念品）的问题。这样的问题又该怎么理解？

（一）传统民族学理论的缺陷

早期各种人类学、民族学理论的致命缺陷确如赛义德（Edward Said）的揭示，西方研究者总是自命不凡地对非西方社会进行种种贬低，总是力图将其现状追溯到他们的远祖那里。"在赤裸裸的帝国主义全盛时期，东方的历史被宣称是古典希腊、法老时代的埃及，或'古典时代'伊斯兰的衰落与式微过程。"② 后来的民族学家终于发现，西方社会与各类非西方社会（包括那些"小型社会"）的历史间距并没有那么遥远，无非是现代与前现代的差别，甚至无非是"发达"（developed）与"发

---

① L. 辛厄："'原始赝品''旅游艺术'的真实性的观念"，载《哲学译丛》，全国图书馆文献缩微中心，1995，第70页。
② G.E. 马尔库斯、M.J. 费彻尔：《作为文化批评的人类学》，王铭铭、蓝达居译，三联书店，1998，第17页。

展中"（developing）的差别。这个发现使所有以民族学材料为基础建立起来的"宏大叙事"轰毁了，各种"人类历史发展阶段论"失去了信誉。

传统民族学理论受到的更大质疑来自哲学认识论。建立在自然科学、逻辑、数学、心理学乃至西方语言的信念基础之上的各种现代理性主义哲学及思维方式被怀疑是有局限甚至重大缺陷的，尤其是不适宜处理人文现象的，而非西方社会的"原始""愚昧""集体表象""互渗"等等不过是经过这副"有色眼镜"筛选、屏蔽之后的余象与揣测。这个批评几乎是灾难性的。如果是这样，还有什么思维成果是不可怀疑的呢？所有的社会人文科学都面对着理论缺失的窘境。"后现代"的人类学家对这点看得很清楚，他们说："近几十年来，美国和其他西方国家的学术界对19世纪以来长期指导社会科学研究的一些理论旨趣和模式提出了深刻的挑战。与此同时，学界之外的公众也广泛地认识到世界秩序的急剧变迁，他们的认识支持了新近的学术挑战。大家的共同疑问是：社会科学是否能够充分而又恰切地描述社会现实？"[1] 他们遇到了"叙事危机"，因而只将新的人类学仅仅看作"实验"，让它们的结果毫无保护地对各种检验开放着。

（二）把握"后现代"的尝试

这就是说，这门科学及其所有经典著作从内容到形式都让人无法相信，那么，我们的民族学家和民族艺术研究还有什么事情可做？

我觉得这里的关键在于如何准确把握各种"后现代"思潮。国内一些作者说起"后现代"就眉飞色舞，仿佛那又是一次解禁，这下子想怎么干就可以怎么干了。例如提起接受美学就以为作品根本无所谓了，我在其中看到什么就是什么；解释学也成了怎么解释都行，误解就是正解，等等。这颇像阿Q对"革命"的想象。其实"后现代"并不激进，并不"前

---

[1] G.E. 马尔库斯、M.J. 费彻尔：《作为文化批评的人类学》，王铭铭、蓝达居译，三联书店，1998，第7页。

卫",不是"革命",反倒是有相当成分的保守和兼容态度的。

"后现代"思潮首先是西方社会,尤其是其知识界、学术界的某种目标困惑;在精确的历史评价尺度缺乏的情况下,尤其是西方中心也受到怀疑而被放弃的情况下,似乎也存在着某种参照系"回置"的意思。例如在意识到非西方社会并不那么"原始"之后,他们又感到西方社会不足够先进了。福山在《历史的终结》一书中就担忧,整个世界都民主化了,人权充分落实了,那么就再不会有英雄,只剩下不计其数"没有胸膛的人";又如看到各非西方社会都在适应、追赶西方社会的发展,他们又为语言、文化、宗教、艺术多样性的迅速消失而遗憾,强调人类学应有助于对西方文化的反省,培养"文化的丰饶性"。但这里没有对西方现代社会发展和思想理论的绝对否定,有的只是新的不满足;困惑只在于既找不到走出去的门径,也看不到应该继续的方向。于是唯一的方略是反思与回顾,只能是将原有的逻辑与悖论继续贯彻到底,钻头觅缝或重新试误,希望找到歧途的入口或无意间碰到新的出路。

当然也不是说"后现代"仅仅是希望西方社会锦上添花、好上加好,那里面还是有一定程度的批判,但这种批判主要是希望纠正某种程度的偏执和简单化。比如现代技术一路发展,使人对能量的支配力不断增强,但人们憧憬的"物质财富的充分涌流"还没有到来,物种就在迅速消失,生态环境面临崩溃;人对生命秘密的执着探索日益接近成功,将同时带来伦理灾难的阴影也日渐浓重。城市在无限制地延展、拔高、复杂化,人们竟不能判定城市这种生活方式是不是适合人类。市场机制无孔不入,民主管理不断增加,但人对自己的本性了解得充分吗?人与人之间的关系就这么简单吗?伟大的艺术还会不断地诞生吗?在这些方面,他们希望在还没有义无反顾地走进这条道路的各非西方社会重新发现西方社会发展中作为代价就不经意地遗失了的价值。

准确地说,"后现代"还说不上一种明确的发展,而不过是某种踌躇、瞻顾或蹉跎。美国社会学家丹尼尔·贝尔把这种"两间状态"的感觉表达得相当细致。他说:"我们……处于一种巨大的历史变革之中,旧的社会关系(由财产决定的)、现有的权力的结构(集中于少数权贵集团)、以及资产阶级的文化(其基础是克制和延迟满足的思想)都正在迅速消蚀。动荡的根源来自科学和技术方面,也还有文化方面。……这种新的社会形式究竟会像个什么样子,现在还不完全清楚。……'后'这个缀语,是要说生活于间隙时期的感觉。"他说:"后现代时期或者后现代社会不是一个定义,而只是一个问题。"[1] 美国的人类学家马尔库斯与费彻尔说当前的人类学处于一个"实验时代",并说:"实验时代具有折衷、脱离权威规范而进行观念游戏等特点,它提倡展示与反省,对于在实践中的事物采用开放的态度,对于研究方向的不确定性和不完善性采取宽容的态度。在这样一个时代,我们承担着一种风险,即,我们既可能拥有巨大的潜能,也可能因走进死胡同而无能为力。在本质上,我们处在两个时期之间的一个短暂的过渡阶段。"[2] 上述两种说法极为近似。

这些话里我们听得出的是西方学者特有的焦虑和紧迫感而不是破罐破摔或庄子式的逍遥。这些话里也没有对现代哲学的彻底否定,西方思想中一些深刻的内容依然被保留下来并要求进一步的思考。比如"艺术"就的确是个非常"文明",甚至相当"现代"的概念,常常用以指称专门艺术家及其个性化的创作,这样的艺术作品是拒绝模仿或复制的。在这个意义上,许多非西方的小型社会是没有艺术只有"前艺术"(pre-art)的。然而讨论所谓"前艺术"既可以是讨论一些有传统社会功能因而有某种原始宗教含义、在集体约定中诞生(创作)而能指比较粗糙的符号化产物、道具的诞生问题,也可能是讨论人的"创造性"或人的本真的"存在"与"理解""解释"等问题。换句话说所谓前艺术是指艺

---

[1] 丹尼尔·贝尔:《后工业社会的来临》,高銛等译,商务印书馆,1984,第47、62页。
[2] G.E. 马尔库斯、M.J. 费彻尔:《作为文化批评的人类学》,王铭铭、蓝达居译,三联书店,1998,第11页。

术或艺术作品中的"艺术性"（artness），使艺术成为艺术的那种属性。在这个意义上，前艺术也是"元艺术"（meta-art）。因此我们可以看到，当海德格讨论艺术与人的存在的关系时，就不必一定要扯出波利尼西亚人、毛利人或那伐鹤人、爱斯基摩人的艺术作品，而只要提及凡高的《农鞋》、黑森林阳面山坡的小木屋等就足以说明人的栖居与建造本性。反过来对我们来说，现代的各种艺术理论依然可以作为我们研究民族艺术的理论参照（只要不迷信）。

其次，到现在"后现代"也不是毫无正面建树的，一些新的哲学理论已经获得了相当的共识和构建，正尝试为新的人类学实践提供理论基础。比如马尔库斯与费彻尔的《作为文化批评的人类学》一书就介绍了在现象学、解释学基础上发展出来的解释人类学的各种尝试。"后现代"社会也已获得了其他一些学科的规定。

再者，由于进化论的尺度被放弃了，民族学、人类学变得与社会学非常接近，民族学研究的无非是当代某些小型社会（甚至一些城市里的种族关系问题）。而且由于这些小型社会的经济通常不够发达，所以民族学非常关注这些小型社会的"发展"问题，而且在发展过程中，它们必然与其他民族进行交往，往往是在全球化背景下进行的，因此重要的问题更多是在"文化间"（inter-cultural）。

（三）"后现代"理论之于民族艺术研究

上面我们谈到西方民族学的一些"后现代"感受，那么它对中国学者来说有什么意义呢？

我以为这首先意味着一个更易于交流的时代或时期。假如西方人盛气凌人，摆出一副教师爷的架势，对话肯定是难以进行的。现在好了，他们不那么自信了，愿意多听并生怕自己听不懂了，我们也不再被当作孩子或学生了，交流的气氛当然会好得多。所谓"本土化"就是要求当地的民族学研究者成为主体，对我们身边的事我们最有发言权，而且西方人希望在我们这里获得对他们文化的参照和反省，我们的文化也是主位的。同时我们要求自己的社会根据我们的利益和自主的理解去发展、转型，我们的研究不是纯认知的，而是实践着的。这一点别人也是可以承认的。

但是另一方面，我们的问题并没有解决，我们切不可沾沾自喜，我们并没有因此变成人家的老师。现在是人家对自己的工作获得了更多的自我意识，提出了更高的要求，他们的理论发展了，我们在对那样一种异文化的理解差距更大了。我们应该注意马尔库斯与费彻尔所说的："解释人类学同时在两个层面上操作：它既从内部提供有关异文化的解说，又反映这种解说的认识论基础。"[①] 我们对本土文化的研究也是一种文化提升的过程，也需要在对异文化的深入了解中完成；我们的民族学研究与西方的研究具有互主体性(inter-subjectivity)，对于人类认识的发展，我们与西方同行处于竞争关系当中。这与市场的情形相类似：良好的市场环境对交易双方都是有益的，也易于交易达成，但越是规范的市场就越有利于强势企业。在双赢局面中，各自获利的份额是不同的。在哲学和认识论方面的欠缺会使我们在研究及研究成果的利用上处于劣势。

总之，我们的研究既不是猎奇，也不是进行"纯客观"的"描述"，而是要在与异文化的互动、对话中带动当地社会尤其是当地文化的发展，争得其应有的权利与利益，也为全球伦理的确立贡献某些独特的视野，要构建我们自己的学术理论与哲学人类学。

二、全球化给民族学研究带来的新课题

我们还没有完成现代化的任务，但全球化已使我们真切而独特地体验到"后现代状态"。应对"后现代"也成了我们的一种命运。而经济

---

① G.E. 马尔库斯、M.J. 费彻尔：《作为文化批评的人类学》，王铭铭、蓝达居译，三联书店，1998，第48页。

全球化本身就是"后现代"社会的一个组成部分。那么它是如何向民族学或民族艺术研究提出了新的课题的呢？

（一）具体的全球化：知识经济与文化产业

全球化是近年世界经济发展的一个日益明显的趋势，但其根源的确是植于现代资本主义文明中的。在现代化进程中，各民族独立发展的历史进入了世界历史的阶段；"世界"这个词语才获得了现代的含义。在一定意义上说，人类学、民族学的研究虽与帝国主义殖民过程有一定区别，但也确实是与这种全球化的早期进程同时起步的，而今天它的"后现代"化则是与整个西方社会"后现代"发展相关的。在各种"后现代"思潮的下面更容易被把握住的是"后现代"社会的发展。

从经济特征上说，"后现代社会"又被人称为"后工业社会"或"晚期资本主义"等，意思是说，现在的社会已经与以前所说的现代社会不同，甚至有某些质的不同了。丹尼尔·贝尔曾描述了"后工业社会"与"工业社会"或"现代社会"不同的五个方面："1.经济方面：从产品生产经济转变为服务性经济；2.职业分布：专业与技术人员阶级处于主导地位；3.中轴原理：理论知识处于中心地位，它是社会革新与制定政策的源泉；4.未来的方向：控制技术发展，对技术进行鉴定；5.制定决策：创造新的'智能技术'。"[①] 这里经济面上的特征可以说是讲到了，但还不易理解，而文化面上的特征则基本没有被表述出来。未来学家托夫勒讲"第三次浪潮"，从工具层面刻画工业社会的几次重大变革。而值得注意的是他最近到中国来，将第三次浪潮的内容说成是"知识经济"而不简单地是"计算机技术"了。知识经济也是对后现代或后工业社会的一种正面定义。

信息技术或叫数码技术的迅猛发展的确大大改变了整个资本主义社

[①] 丹尼尔·贝尔：《后工业社会的来临》，高铦等译，商务印书馆，1984，第20—42页等处。

会的产业结构,在"经济合作与发展组织"成员国,知识经济在其GDP中所占的比重大都超过60%,最高的可达75%以上。但是,仅仅从高新技术的层面去理解西方经济乃至整个社会的发展是不够的。其一,与工业技术发展相伴随,西方的商业制度也在发展。其二,与高技术相伴随,高文化的内容也出现在高新技术产品中;文化产业与信息产业互为表里,成为支撑新经济的两个朝阳产业。例如在美国,其消费类视听技术文化产品的出口额已经超过航空航天业的出口额,成为其第一大出口产品。

工业革命与相应的技术曾经极大地扩张了人类经济生活的生产环节,并引起了技术输出和工业资本的国际扩张,导致了社会分配的严重不公。然而,当工业产品,尤其是有较多高科技含量的工业产品必然地逐渐下游化,最终成为日用消费品时,整个经济行为的消费环节也扩张了,并逐渐与生产环节相平衡,丰裕社会就到来了。这时,市场原则就开始调节企业原则与技术原则,古老的商业行为中蕴含的伦理规则发挥作用,对私有制进行着有效的制衡。于是整个生产及产品、服务当中的人性化趋势出现了,产品的人性化设计成了最重要的竞争因素;与此同时,居民消费的"脱物化"倾向出现了,文化消费所占比重日益增加,旅游成为时尚,媒体和各种文化产业随之迅速扩张。以前马克思曾说工业将教育的因素带给无产阶级,现在我们进一步看到,产业的发展还将全部人文的因素带给包括工人阶级在内的整个市民社会。这就是说,在现代社会、现代经济发展的过程中,文化产业的兴起,文化消费的膨胀是工业化进程之后的一个必然趋势,是现代社会合乎逻辑的发展方向。"后现代"思潮包括法兰克福学派对文化产业的批判都是对这种社会变化趋势的反思。

工业社会的这种发展是在全球化过程中进行的。我们不仅看到西方国家工业结构的不断调整和技术进步、产业升级,也看到他们不断地将淘汰下来的技术、产业向后发国家、发展中国家转移,他们乐于用自己的上游市场和发展中国家尤其是像中国这样的大国的巨大下游市场(最终消费品）相交换，或者说用其昨天的技术换取你明天的市场，以掌握竞争的主动权，获得更大利益。

全球化过程也给后发国家带来发展道路的新的选择。诚然，一个国家的经济发展有一些客观条件限制和阶段要求，某些次序也许是不可变换的，但当发达国家成熟的文化消费市场和旺盛的消费需求也向发展中国家的产品、服务开放的情况下，发展中国家就面临着实现跨越式发展的机遇。中国加入世界贸易组织是我们的一个主动选择。这就预示着我们成功的发展策略必然不仅是亦步亦趋的"赶超式"，而且会在一定程度上成为"跨越式"。尽管工业化的进程没有走完，仍然要利用国际资本、技术和市场，以很大的力量优先发展"知识经济"和文化产业；尽管我们改革的微观层面即国有企业的转制并没有完成，但我们必须以更主要的精力优先考虑宏观方面的问题，即构建一个法制化的、高度规范的市场。这才是我们的特殊国情，是我们所感受到的"后现代"，也是我们的主体式发展道路。我们的旅游业不是已经有了长足的发展吗？我们的旅游市场不是已经在大力整顿之中吗？事实上，我们全部的文化产业已经位于高速增长的出发位置。

值得注意的是，文化作为消费资源有一种独特的属性，即其内容只能被传播，而可能根本不像物质产品那样真正被"消费"掉，它是可以反复由不同的人消费的。另一方面，文化消费品也像艺术作品一样，拒绝重复、雷同，要求多样化和创新。这样我们才可以理解，经济一体化与文化多样性甚至多元化的要求竟然是同一个进程中的不同侧面。经济全球化也要求人类学、民族学的发展，要求他们变更自己的理论基础，将"本土化"和"培养文化的丰饶性"作为学科的目标。

（二）民族艺术研究应对全球化的一项新课题

我认为，这个全球化进程、国际经济发展的最新趋势，以及中国现代化发展的跨越式道路为国内的民族学和民族艺术研究提出了一个新的课题，也赋予它种种新的机遇。我们本土化或说主体化的民族学因此完全有理由成为发展人类学或民族经济学研究。我们要将民族艺术作为特定地域文化的符号及释义系统看待，将民族艺术当成有待解释性展开和商业开发的、文化产业的创新资源看待。在这个方面，陈庆德等所著《发展人类学引论》（云南大学出版社2001年版）的出版是有前导性意义的。

更具体地说，我们应该注意研究民族地区文化产业发展的问题。通过对民族学"后现代"理论的了解，摆脱掉各种传统的人类学理论的束缚，我们会清晰地看到各民族区域发展和民族艺术实践的现状，看到它们面对现代化进程的发展前景，看到由于观念上的差异而在实践中可能出现的不同发展模式：可持续的与不可持续的。我们也可能进行各种主动的参与，促使各个少数民族从当地条件出发，努力发掘自身的文化艺术资源，争取尽可能多地以这种最少污染、最少耗费能源，而且本身并不消耗的资源，实现当地经济的跨越式增长，完成当地社会的现代化转型。事实上，全球化进程中文化多样性的消失在一定意义上正是指后发地区文化的消亡；而这正是当地经济制度落后、市场竞争力低的必然结果。因此抓住市场全球化机遇，优先发展文化产业，使民族艺术这种历史遗产变成文化资源，变成各种各样的文化产品，就不仅可能实现后发地区经济的跨越式发展，而且首先就会提高其文化的活力与影响力。

应该说，现代化本身并不是完美无缺的，许多弊病已经在西方社会实现现代化的过程中暴露出来了，这不仅使西方学者刻意到欠发达地区进行调查，以寻求解决的办法，尤其使后发国家与地区获得一种预防的可能。但是，这种可能如果能变成现实，一定会与其知识分子的工作，尤其是当地民族学家们的努力相关。有时，"后发"本身也会给当地政府造成巨大的压力，甚至迫使其采取短期行为，更何况，前现代社会本身也有不可持续的经济模式。在中国，农业经济的最后发展及工业化的初期进程已经耗尽了它的森林、矿产和水资源，已经将其自然景观搞得面目全非，且破坏的速度与程度大大高于发达国家。所以本土化民族学研究的这一课题也会面临很大的困难，需要选择恰当的工作方式。

三、民族艺术资源产业化开发的一般程序

关注并参与民族地区的文化产业发展既不等于说学术研究已经全部变成商业活动,也不等于说全部民族地区文化产业发展工作全部由民族学或民族艺术研究机构承担起来。以产业政策刺激地方文化产业发展是政府的责任,产业组织的建立和经营是商家的事,但学术机构在其间的确有发挥作用的可能。西方国家在面对知识经济时提出了"国家创新体系"的应对措施,其中很重要的一条就是产学研相结合,还有一些发达国家谈到产官学相结合的问题。这就是说,在企业、政府和学术教育机构之间有一个交叉地带。既然是这样,我们就应该关注一下文化资源产业化开发的一般性程序,以更自觉地做好这方面的工作。

(一)主体性的民族艺术研究与当地文化资源开发

民族学的"后现代"趋势表现出一系列的"矛盾"状态,对于我们来说也不例外。西方人说的本土化、边缘化,正好造成我们的主体化;放弃"宏大叙事"正好是要求我们探索有当地特色的发展道路;以前我们总是在为人家的宏大理论寻找极其个别的事例,现在我们则要调动自身的全部细节或丰富性既实现自身的转型,同时又要能从中发现克服西方现代化弊病的文化特性。在这种情况下,我们就不是简单地做各种民族文化的样本,而是直接面对民族地区发展的现实。

这时我们所关心的民族艺术也不再是原始文化的陈迹,而是人类各种普遍价值的独特表现方式。从经济发展相对滞后的现实而言,各少数民族的艺术中肯定有与自然更亲近的表达和对天意的敬畏;有对质朴的人际关系和相对俭朴的生活的讴歌;有对各种历史苦难的咀嚼和升华;对种种成功的欣喜与庆幸。问题是世界各个民族对同样事物所做出的情感表达形式完全不同,现在,抽绎出其中的共同性(宏大叙事)是不够的,发掘其细微的差异才更重要。而这样做也正是振兴民族地区文化产业,让民族艺术作为资源促进当地经济增长的需要。

进一步说，文化产业的发展也有一个可持续还是不可持续的问题。简单地说，可持续的文化产业发展模式应该是保护文化资源、开掘文化含义、创新文化表现形式；而不可持续的方式则是直接将文化资源尤其是它的载体囫囵地、一次性地出售掉，并被不可逆地消费掉。因为民族文化形态资源化只能是在市场化、产品化的过程中实现的。产业自身的弱小很可能导致对文化资源视而不见，导致资源的浪费和破坏式开采，导致不可复得的资源的迅速流失或退化和原始资源或初级产品低价出让（丽江、张家界等地的旅游资源就面临这种危险）。文化产业是对创新能力有极高要求的产业，而这本来是小型社会或民族地区相对缺乏的。因此民族地区的民族学家和民族艺术研究者有责任主动、及早介入当地文化产业的建立工作，深度参与民族文化资源的调查与评估，甚至直接投入示范性文化产品的开发过程。

即使在西方的大学，人类学家、民族学家也抱怨经费的不足，感叹这个学科的没落，但他们还是敏锐地看到这个学科的工作"拥有更大的媒介掌握权"[1]，而媒体正是当代文化产业的主角，传播则是文化产业的基本功能。既然如此，这个学科就应该是很有发展前景的。事实上，除了大学里的教职不是很充分外，人类学民族学毕业生就业形势还是看好的。所以我们不妨以媒体传播为目标，试着描述一下民族艺术资源化和产业化开发的一些基本程序。

（二）编码：简单的与复杂的

要让媒体传播，首先就要"编码"。我把"编码"视为这个程序的基本方式和环节。"编码"并不神秘，最简单的编码很像以前我们所说的"记录"，但记录是以文字和印刷技术为基础的，而编码是数字技术时代的术语。

---

[1] G.E. 马尔库斯、M.J. 费彻尔：《作为文化批评的人类学》，王铭铭、蓝达居译，三联书店，1998，第42页。

编码可以分为初始编码和再编码。初始编码也可以称作简单编码或原始编码。它的基本要求就是将各种民族艺术实践活动和产品以各种方式记录下来、固定下来或叫数据化。这种编码的成品可以是前数字技术形式的，如印刷品或录音录像带。其间的关键是你要让它们最终得以出版，取得明确的知识产权。我们知道，民族艺术通常说属于民间艺术，常常是集体创作、集体表象，而且随时在发生变化，这种产品一般无法取得知识产权。当然这里说的编码也意味着你必须给它们某些基本的分类序列，而它的前提是资源调查。

再编码也称复杂编码或二次编码，它是在初始编码基础上进行的。最简单的再编码只是组合编码，它使数据获得多媒体、多维度的编排，便于进行数字传输。这种编码也可以说是一种技术化编码。

第二种复杂编码是个性化编码。这时民族民间艺术经过专家的整理和再创作，成为现代意义上的文学艺术。马尔库斯和费彻尔将这样的文体或叙事方式看成是人类学写作和记录、发表的标准手法之一，称作"艺术文体"或"美学文体"。人类学家之所以要使用这种艺术文体如小说、摄影等是因为他们希望更精确地传达他们耳闻目睹的民族艺术形式如音乐、舞蹈或各种准宗教仪式[①]。民族学家对民族艺术进行了再创造，使之成为一种更精致的、升华了的表达。其实我们都会记得雷振邦先生创作的那些具有强烈鲜明民族音乐特色的电影插曲。艺术家借助电影这种大众媒介使少数民族的音乐得以传播、弘扬。

在特定情况下，民族学家或民族艺术研究者的工作也会有某些时代局限，但他们的工作却起到一种媒介的作用，他们使千百年来已经凝结在民族艺术中的情感再一次成为流行。比如"文革"时期在云南地区传唱的《阿波毛主席》《火红的马樱花》等歌曲，当年个旧云锡公司宣传

---

① G.E. 马尔库斯、M.J. 费彻尔：《作为文化批评的人类学》，王铭铭、蓝达居译，三联书店，1998，第49、87、96等页。

队的表演唱《坑道食堂》，其歌词内容现在显然已经"过时"，但其曲调中有着民族生活的深厚蕴含（可以想想彝族音乐海菜腔、山药腔的曲调），并且在音乐处理上得到了提炼，更何况在词和曲当中，曲的真实性要更强。因而就是到今天，我们还应该考虑如何可以使这些苦难生活酿制出的心曲得以传诵（如像在"世博园"的歌舞晚会表演中那样）。

我们说的个性化编码不仅包括各类文学艺术方式，也包括设计与各类大型文化活动策划等。比如大理白族地区的大理石工艺品，缺少的是设计和新品种开发，仅仅是瓶瓶罐罐、镇纸屏风其中的文化含量就非常低，式样变化也很少，市场很快就饱和。因而需要有专门家加入进去，对各种民族工艺品进行解释学所说的"意义扩充"，甚至在一定意义上也可以将现代工业发展带来的某些技术趣味或传统汉文化的文人趣味代入进去，使它们得到进一步美化。在这种情况下，民族艺术或艺术传统是作为一个要素或一种声音加入到一场新的对话当中的，"后现代"所谓的"拼接"等应该指的是这种情况。这未必是显示一种玩世不恭，而是强调文化之间的暂时不可通约、强调不同文化之间有认识论或理解上的鸿沟。所谓"多元文化"的说法历来有争议，多元不同于多样性、丰富性，但"后现代"所说的多元应该是指暂时的、对话开始时的状态，表示了一种无条件的"接受"或"宽容"。这样对话才能深入。我们说"后现代"不是一场革命，而是强调历史和文化之间的对话，这里也可略见一斑。

第三种复杂编码可以说是结构性编码。这是真正的学术性研究工作。民族文化艺术现在要经过理论分析、价值评估，变得更可以理解，或者是被作为反思原有学术范式的对照物。这时的结构从结果上看应该也是解构（de-structure），比较研究或者是引入了一种元语言，或者是生成了一种元语言，从而将源民族文化艺术素材彻底地解析了、打碎了，同时也将其中的价值内含普遍化了，整合进一个新的"整体"。这个新整体既是价值论的，也是认识论的，尤其还可能从中提炼出可供选择的"生活方式""存在方式""理解与体验方式"的建议。当然，这种编码的基础在于有力度的思想。在一定意义上说，研究就是"解剖""打碎"，但好的研究是在打碎旧的符号能指固定甚至僵化了的结构同时释放出其中禁锢着的丰富内容，并造成整个能指系统的功能性升级和所指意义解释中的清晰。这种模式不仅适用于东西方文明交往之间，尤其适用于我们中华民族内部各民族的文化研究之间。

由于所有这些编码的目的是经过大众媒介完成传播和文化创新，所以市场编码的程序无法回避。市场编码是对于文化产品的实际含量根据消费能力、消费习惯或消费心理以及市场有效需求的状况进行的单元切分，比如一集电视连续剧通常可以有半小时到一小时的长度，一部电影可以有一个半小时到两个小时的长度，而电子游戏厅的计费单位通常是小时等。简单地说，我们的产品必须适销对路，你不能希望每个消费者都会一下子购买你的全部产品。有时这种切分不是实物数量上的，而是时间的，例如一次艺术展览，你并没有出售珍贵且价格高昂的展品，而只是出售了一段目睹展品的时间。旅游景点所提供给消费者的大多是这类产品。

（三）三种复杂编码的相互关系

上述三种复杂编码可以混合进行，甚至在很多场合下就是混合进行的，尤其在创新的要求下混合编码是一种常态。但这种区分不仅是为着说明的方便，而且也有利于进一步的讨论。

美国学者戴安娜·克兰（Diana Crane）将传播媒体分为三类，即全国性核心媒体，包括重要报纸和影视；边缘媒体，包括书刊、广播录像等；以及都市文化，包括音乐会、展览、博览会、戏剧表演等[①]。这本1992年出版的图书似乎还没有考虑网络的风行，而具体媒体的分布也主要反

---

① 参见戴安娜·克兰：《文化生产：媒体与都市艺术》，赵国新译，译林出版社，2001，第7页。这三类媒体的名称是否合适姑且不论。

映了美国的情况,比如电影在中国恐怕只能属于边缘媒体而不是核心媒体。但她的这个分类还有一个很大的优点,即她是根据不同受众类型区分各种媒体的:核心媒体的受众是"异质性的",即所谓没有城乡、工农和阶层差异的大众传媒对象;边缘媒体的受众是以生活方式的近似划分的,具有地方性的特点;都市文化的受众是按阶层划分,甚至是有圈子、相互相识的。这就使我们意识到,我们所说的三类复杂编码刚好可以与她的三类媒体相对应:在简单编码基础上的技术性组合编码产品对应于核心媒体;个性化编码产品对应于边缘媒体;而结构性编码产品则针对都市文化。这样我们的研究也就可以是有层次的、分阶段的,可以在与市场尤其是媒体的互动过程中滚动实施,逐步展开。

在某种意义上说,我们似乎在提倡学术研究与市场的结合,而学术与文化发展和市场化、商业化或产业化在国内依然受到质疑,似乎市场化必然导致利益驱动、学术的浮躁和腐败。我以为这种看法未必全面。既然说市场与学术可以互动,那么就要看谁能影响谁,文化市场化与市场文化化是同一个过程的两个方面,而且尤其我们应该看到,市场内部就可能存在一种人文取向。记得马克思就有过商品是天生的平等派的说法。如果是这样,我们还可以再看看克兰的分析。克兰发现,"新思想和新形象往往始自于核心领域之外的边缘和地方领域,其中少数会被核心领域吸收。在核心领域的边界,存在高度的'喧哗声',这是大量个体和组织争相进入核心领域的活动的集中体现。"[①] 而在相对精英倾向比较强的都市文化中,最容易产生文化创新[②]。这就是说,由于有媒体及其受众的分类或分层,市场中的文化创新仍然可能存在并逐步影响整个社会。更何况,我们决不是说,整个的文化研究或艺术创造都只能在

---

① 克兰:《文化产业:媒体与都市文化》,赵国新译,译林出版社,2001,第11页。
② 克兰:《文化产业:媒体与都市文化》,赵国新译,译林出版社,2001,第6章。

市场中发展,超市场的机制与艺术、学术氛围在任何社会都是存在的。市场只是工作的一个新的、可资利用的环节,而作为研究者与纯粹的商家也不一样,他们要多一层观照。我相信,民族学家们很容易看到我们讲的种种编码与他们原来的工作方式区别并不是很大,无非是思维中增加了一个层次。从云南民族学和艺术研究的角度说,民族艺术应该说是一种地方性的文化,它有一定的活力,但一是不够大众化,二是不够精致化,现在却正可以向这两个方向做出努力。可以说,在全球化和中国社会进一步改革开放、融入国际社会的大环境中,它的发展前景是很好的。

(四)学科研究方式的转变:从单纯保存到文化创新

我们还应该强调,云南民族艺术资源化的工作只能是在产品化和市场化的过程中实现,在创新的过程中获得独立的知识产权和学术动力,因为文化资源在很多情况下仅仅是一个眼光问题。你看到了,去做了并取得成功,它的素材就资源化了。而在最初的编码过程中,也许资源与创新产品的区别并不大,经济成功也不大,但持久地做下去,情况就会大不一样。例如一些民间音乐或民歌素材,像云南人民广播电台录制中心制作、长春电影制片厂音像出版社出版的《云南风》磁带中的《姑娘戴花》《花鞋掉在河中间》《不要媒人也成亲》等歌曲,仅仅是经过西洋乐器伴奏或是与通俗音乐手法相结合,并未经过更多个性化编码,但一些基本的创新原则还是运用得很好的。

首先,这些新的民族艺术研究成果势必会是艺术(外在)形式上碎片拼接与(价值)内容上普遍化相结合的,传统民族音乐的曲调和西洋乐器伴奏音响拼在一起,内容上是最朴实的青年男女爱情。这种作品和迪士尼的动画片一样,不仅孩子喜欢,他们的家长也喜欢;不仅年轻人喜欢,老年人也会喜欢。另外,从内容的选择上说,这些音乐作品既突出了民族特色,因而具有了竞争的比较优势,同时也艺术地再现了朴素的自然生活场景,从而具有了与西方现代城市工业文明相区别的对照的比较优势。

有的研究者可能会觉得这种研究对象似乎与以前的对象很不同,那时是千方百计找那种"古老的"、"神秘的"、说起来就令人好奇的,其实这就是猎奇,甚至是追求荒诞离奇,而今天的人类学就是当代的社会学。这时的云南民族艺术研究与当代中国文学艺术或社会学研究没有什么不同。比如我们可以想想前些年作家张贤亮在小说《绿化树》中对主人公章永磷屋里那本《资本论》的描写:这样一本关于资本主义经济制度的经典著作放在被放逐到西部监督劳改、连温饱都没有保障的"右派分子"的屋里不像是一个神话吗?人们可能会觉得,如果这不是一本小说,那么就是很好的人类学案例。其实即使它是文学作品,也完全是一个人类学案例。它没有记载20世纪中期中国社会的一种特定文化与社会现象吗?对于我们的民族学家来说,关键问题是这样的创新如何可以在市场环境中持续地进行。

有人会觉得,像《远方的客人请你留下来》《云岭写生》《瑶族舞曲》这样的作品已经经过了专门家的太多加工和"拔高",似乎不再是原汁原味的民族学资料了,民族学要搜集、保存"田野"里原模原样的艺术样本。其实这是一个涉及民族学或民族艺术研究方式转变的问题,我们愿以对这个问题的思考结束全文。

我们固然也注意历史资料的收集,注意这些史料、文物的保存,但是我们不能因为强调历史样态的保存而让一个民族的社会生活停滞下来,反之我们强调,正是在不断的历史变化当中,某些被作为经验、情感、知识和规范等积累的典型符号才被从生活中抽取出来作为参照放在现实的旁边。问题是保存的目的正是展示和传播,而在前工业社会,所有这类艺术或文化的保存都被垄断了,被严格地限制在一个非常小的范围之内;而现代或者后现代社会造成了所有社会成员的文化需求和文化权利意识的觉醒。历史遗存和原创艺术作品的奇缺和大众的消费欲望为文化产业打开了巨大的市场空间。让被保存的成为被充分展示的,这就是文化产业的口号。在这样的背景下我们就可以理解保存与开发利用的关系了。现在许多文物部门包括民族学研究部门不断抱怨保护经费的不足，其实文化产业即使为了本行业的持续发展，也会竭力保护各种文化资源，问题是这样做的前提是产权的明晰。可以庆幸的是，在民族艺术研究领域，各种田野调查得来的资料，与文物部门挖掘出的历史文物相比，产权问题更容易解决，反之在观念上明确保存和创新、经营的相互关系才是更重要的。文化资源是需要保护的，但资源不直接等于产品，而文化资源的保护与它的永续利用恰好是最容易做到的。反过来说，只是在研究不断深化，解释不断丰富的情况下，原先符号系统的原始形态才是更需要原样保存和维持不变的。这样理解问题，我们就会懂得如何与传统民族学的工作即单纯的保存相对接。

在结束整个问题讨论之前，我愿再一次推荐各位同好读一读陈庆德等著《发展人类学理论》一书第14章援引的两个人类学案例：维柯斯计划与福克斯计划。我想，在云南民族艺术研究中也应有类似的成功案例产生。人文科学的研究者不仅是知识的传递和充实者，也应该是社会发展的探索者、实践者。我们也已经看到，云南有学者正着手开发当地文化资源，并首先将在6个少数民族聚居的县市进行试点[①]。付诸实践的消息总是比理论更让人振奋，我们愿意祝愿类似的项目早日取得丰硕的成果！

[①] 王亚南："云南文化产业现状及前景分析"，载《2001-2002年：中国文化产业发展报告》，社会科学文献出版社，2002，第230-245页。

宋庄的另类生产①

宋庄已有一丝秋意了，因为"廖雯说'女儿把老栗给废了'"，而老栗（宪庭）是宋庄的"教父"②；因为这个庄的实力村民方力均们也迈进了"四张"的门坎；或者是因为铁林口口声声说"'宋庄现象'是非常需要总结的"，而"总结"这种反思类的事总是要在一定的历史距离形成后才好进行的，正所谓"米涅娃的猫头鹰总是在黄昏才起飞的"。但是秋天也是一个有结果的季节。也许宋庄仍是中国当代美术史上一个终将消失的重要过渡阶段，就像此前的圆明园。

大约有10年的时间，北京边缘的通州区宋庄及附近农庄陆续迁来一些外表与农民近似的人丁，买下或租住农家小院，与农民一样散漫，不拘小节，随处便溺；时而在院里种些瓜菜青鲜，时而做些放浪形骸的事。但他们并不大在意农民或村里的事，小院里的世界也渐渐与外面有了天壤之别。这里进行着另类的生产，一些有世界影响的艺术作品从这些人的生存状态中喷薄或流淌出来，又流传到国外的画廊、展馆或私人收藏中。西方、日本乃至我国台湾、香港的一些画廊、美术馆和艺术史家已经把这里当成当代中国美术的一个重镇或全球美术品的一个不可忽视的产地（中国的美术史家也许再过几年也会较多注意它）。

---

① 本文是为赵铁林纪实性摄影作品《黑白宋庄》作的"序"，该书2003年10月由海南出版社出版。宋庄在北京市通州区东北部，这个乡镇的若干自然村住有大批艺术家，形成当代中国著名的艺术家集聚现象。人们可在搜索引擎上输入"中国宋庄"进行检索。赵铁林，当代中国摄影师，除了《黑白宋庄》，还有《另类人生》等。本文中很多没有注明出处的引文均引自《黑白宋庄》；书中除有大批黑白照片，还有一些艺术家的访谈录。

② 栗宪庭（老栗），宋庄艺术家群落中著名艺术理论家、评论家、策展人。廖雯，栗的妻子。下文方力均、索探、鹿林、片山等，都是宋庄艺术家。

这批新移民与原住民的不同在精神上。宋庄的新人无论成功与否，始终关心着艺术，标榜"前卫"，始终关心着一个内在的世界。尽管老栗称"宋庄也是鱼龙混杂"，但缺少了这种艺术志向与艺术家的身份认同，在宋庄是很难"混"下去的。今天的宋庄仍属乡下，没有基础设施和上下水，没有集中供暖和管道煤气，没有像样的餐馆、超市，没有良好的教育机构及通信设施，治安状况和人际关系也未见得好①。但这些人执意扎堆于此，执意构建一种相当夸张、称作艺术的生活方式。现在铁林这只纪实的笔伸到这里，想把一些近似东拉西扯的对话记录下来作为"末日审判"的口供（据说社会学家把这叫口述史）。

　　铁林的摄影有自己的原则和追求，他的文字注解了他的视野和他对生活的理解，也包括了他对自己一生的评判。在中国社会一个急剧变革的时代，他与某种边缘状态另类人生的亲密接触及深层记录有着极高的历史价值。中国人心理健康，那些刻骨铭心的悲哀和痛苦总是要不了很久就忘得一干二净，整天都乐呵呵的，但也因此不易进步，缺少创新，并因此与艺术的精神尤其是现代艺术的精神相悖逆。想想20年前的中国美术界，连"印象派""自我表现"这些非常简单的词汇都难以见容，90年代的"人体艺术大展"更是闹得沸沸扬扬。可一旦这些事物终于被接受了，我们中国人又欣欣然了，爱说我们一贯就是如何如何的，从来就是虚怀若谷的。这似乎是一种事后的宽容。铁林不一样，他现在就宽容，他对那些边缘状态的事物有种判断，以同情的态度去理解它，把一些琐碎而真实的细节收拾到一起，让它们成为摄影镜头的某种注解，从而更多揭示出其在一般社会习俗之下的更基础层面的合理性，比如生命的不竭冲动，等等。而最终世俗的观念发生变迁，人们便发现，铁林还真有点先见之明，而在此之前，不少人注意铁林的镜头和文字仅仅是

---

① 10年后的宋庄已今非昔比，不仅有了相当一批商业服务设施，而且有了更多的画廊、展馆和居民楼。2012年10月，通州区政策有关部门第一次在这里举办了艺术节。

因为好道听途说，甚至有一点窥视癖（这句话我说我自己）。

　　铁林的个人生活经历使他对生命、文明和自然已经有一种近于固执的感知，我担心他那种"平民情结"和对原始的质朴的过分认同甚至会影响这个题材的采访。我相信他这里仍能揭示出"一般社会习俗之下更基础的、生命的不竭冲动"，在这个层面，海南的小姐（《另类人生》）与宋庄的大师的确是一样的。但在宋庄，"生命的不竭冲动"还有一更高贵的属性，即它是不竭的艺术冲动。在海南，那种冲动的可理解性在于一种经济的动机；而在宋庄，这种冲动有更强烈的牺牲意味。在海南，这种冲动往往是被动的；而在宋庄，这种冲动是积极的、自觉的，因而才不可遏制的。这个区别能否揭示出来才是本书终极价值能否实现的关键。但毕竟这是一本访谈，铁林于艺术也是有些造诣的，更何况无论铁林说了什么，宋庄新移民的话里话外还是透露出不少关于艺术人生的自白。尽管这不是一本宋庄的作品集，而对艺术家的记述如果去除了作品他们的确很像是赤裸裸的，但它对于今后人们理解宋庄作品提供了重要的参照。我觉得透过这样一份访谈，我们已经可以触摸到宋庄这批"波希米亚人"的基本生存逻辑。

　　场所。20世纪60年代开始，国际建筑学界用一个据说取自于海德格的概念场所（place）取代传统的概念空间（space）来定义建筑的理想。1977年12月通过的《马丘比丘宪章》批评30年代的《雅典宪章》仅把建筑视为"光照下的体量的巧妙组合和壮丽表演"，它指出："现代建筑的主要问题已不再是纯体积的视觉表演，而是创造人们能在其中生活的空间。要强调的已不再是外壳而是内容。"猜想除了村外的田野和村内特定的院落，宋庄的整体形象会是很丑陋的，但它绝对是一个建筑学意义的场所。

　　所谓场所有三层意思。第一，人是在场所之内的，场所是人的栖息地，场所中的人就是"到场"（present，being，即存在）。在一定程度上，人会受制于这个场所。第二，场所是由更大环境环绕着的。作为场所的宋庄势必要与周边的城市及历史进行对话；作为场所的宋庄不仅是某种围合的空间，而且也是一个象征。更重要的是第三，场所是可以成长的。由于新人的到场，比如艺术家的麇集，可能构建一个新的场（field）或者群落（community），可能发挥某种新的影响并向城市渗透。与宋庄类似的场所常挂在老栗嘴边的有美国纽约的苏荷、东村和布鲁克林，但他似乎更心仪法国的巴比松。

艺术家们离开城市未必完全心甘情愿，每个"落草"宋庄的艺术家都需有一种跳水的勇气。宋庄就是宋庄。它远离尘嚣，没有带薪的"单位"与"领导"，绝少制度，缺乏消息。艺术家们以都市文明和方便为代价，换取了起初会难以适应的"闲暇和自由"。下面的事全看他们自己的了。

以老栗这把年纪还能"下乡"真让人钦佩，但你看口口声声说"只是想住农家小院"的他折腾了多久才真正住进了所谓的"农家小院"呢？！起码有过一个时期，他从心底里明白，"宋庄对于我和我的工作是不合适的，我不需要一个大的画室，更不需要离群索居到几十公里以外的郊区，我需要的依然是及时出现在城里的艺术展览上……"其他的宋庄新人也时常趁着夜色潜回城里（好在宋庄也正处在城市化过程中）。

更为麻烦的是，宋庄这批新移民并非来自火星，他们的作品很快就有或早已就有世界影响，而这种影响又是由金钱或商业关系来中介的。在这个意义上说，宋庄的生产方式甚至是处于改革开放前沿的。于是批评家看到，"所有集体中的财富差异在这里也是存在的"（汪民安），宋庄的艺术家早已分化，"极少的人很富有，大多数人都比较贫穷"（黄笃）。"他们摆脱了现代性的生产模式和生活模式，……但是他们摆脱不了资本法则"（汪民安）。

那么这样的场所有什么意义呢？

这里的意义可能是两个。一是宋庄提供了一个特殊的位置。凭着与城市的些许距离，人们能在稍远的地方、稍稍冷静地审视城市化、工业化、商业化和现代化，因而有稍多一点的机遇思考"存在"的真谛，与真理谋面，而不是算计瞬息万变的行市。当然不是抵达这里的每一个人都能抓住这个机遇，这里有悟性的问题。"间离"的另一个意义可能是，这些人远离城市后，他们失去了做"短线"的机会，不得不进行"长线"投资；他们只能下更大的注、冒更大的险和命运赌一把。这是对宋庄艺术家气质的要求。

从铁林和方力均的谈话中可以感到，他的气质似乎符合宋庄的要求，无怪乎他在到宋庄的第一拨之列。在89年的时候，方力均能判断出"全国的文化人肯定都是在工作室里进行创作的，等两三年之后，文学家，戏剧家，画家，都会拿出自己的作品来，那个时候肯定是最好的，最棒的。"所以他的策略是："现在这个时间我们是坚决不能卖我们的作品的，只有等二三年之后，我们把自己的作品全都掌握在手里面，这时候我们才会有机会。"于是"坚持不卖自己的作品"，还"不断地劝……朋友说这种形势注定是不能长久的，肯定会发生变化的，时间也只能是二三年。……必须把所有的时间都押在两三年之后的时间上"。形势的确是那样变化的，"两三年之后，很多展览来了，……我自己的作品，还在我手里面，所以我就占了最大的便宜"。

方力均的画也是这样。他画上那些乡亲玩伴般的面孔充满了无意义的笑容，他画面上的色彩越是鲜艳你就越觉得无聊、苍白。但他不属于"政治波普"，对他的乡亲或同龄人，他也有"哀其不幸，怒其不争"的意思，但决没有鲁迅那样激烈，在他那里，怒也罢，哀也罢，不幸也罢，不争也罢，都可用何顿小说中的一句口头禅来概括："就那么回事！"因而他至多属于比"政治波普"温和得多的"文化波普"，因为他与城市生活有适当的距离，也因为在89年以后的那几年他"非常穷"，"大学刚毕业，没有工作，也没有钱，连饭都没有得吃。冬天的晚上，要去偷煤，偷白菜"。鲁迅还没有到过这步田地。

当然宋庄没有保险制度。有人已经说了："如果稍加留意，就会发现，村中的成功艺术家已使生活与艺术分离或'裂变'，享乐主义已战胜了理想主义和批判现实主义的品格，绘画与行为并非一致统一。他们视艺术等同于金钱、荣耀和地位。"（黄笃）真是这样吗？看来，宋庄与城市文明的距离真的不远。

然而重要的是，宋庄已经诞生过一批溶于国际文化潮流的艺术作品，并且每时每刻还可能孕育出这样的作品，因而，宋庄与城市之间短暂的距离对于全人类来说都是重要的。

方式。做"长线"不是什么人都适合，反之这些人的做法必有过人之处，或不同寻常之处。宋庄人需有更强的生命力和生存能力，这是所有宋庄艺术家，那些终于脱离了学院或体制的襁褓与庇护的职业艺术家所必备的条件。汪民安说："选择这样一个地方居住，就意味着选择一种特定的生活方式，选择一种闲暇、慵懒、清谈和酒精的生活方式，选择一种平静而又危险的生活方式、一种远离权力但又无法摆脱权力逻辑的生活方式。"我总希望触摸到这话下面的蕴含，这将是他们与"学院派"艺术家及其创作的最大不同。

其实宋庄的主要艺术家与更早的"星星画派"不同，不仅是晚出生10多年，而且他们或多或少有过在正规美术院校学习的经历。但那时的学习就有些"另类"。方力均回忆说："上大学的时候画模特，大家都喜欢抢一个好位置，然后就去画。那时候我就觉得这是不对的，但我也不知道为什么不对，我就懒得去抢这个位置。因为所有的同学都要选2/3角度，选光线，当同学们都把角度选完之后，我就坐在一个没人要的、离模特最近的位置。这时候我根本看不全这个模特。但是我得到另外一个东西，就是模特的体温能扑到我的脸上，看到模特的血管和肌肉在动的时候，我也能很贴切地看到。那个时候我是调动我所有的感官来画的，而不仅仅只是'看'。……我努力地画模特身体的体温、皮肤的弹性、血液的流动，那么我跟别人的起点是不一样的，我能够深入到内部去传达这样一个东西，而别人仅仅是画构图，画样式。现在我的创作，和生活,和社会关系都尽可能地按照这样一种想法,一种想象力来总结的。"这是一种"零距离生命体验"。因为零距离,所以无法观察,只能是全身心的感受和体验。因此我们在看方力均的画时永远觉得距离不够,观众不断地后退,而画面里的形象却不断地"欺"上前来。

现在他自己也明白地说了:"画家空间的问题一般只考虑到'看',什么近大远小,避实就虚,实际上画的空间也包括心理空间,画传达的也是一种心理,因为眼睛毕竟是一个通道,……你最终的空间是由心理空间派生出来的,那么你的心理空间是由你的社会经验产生的。这个时候你研究你的对象的时候,坚决不能只从眼睛去设想,你必须设想他是有心的。而我们的许多艺术家往往就把我们的观众当作傻X看,好像他们只长着眼睛,而没有心一样;或者他们心里边脆弱得只是今天阳光明媚,或今天下雨的时间段,而没有历史的深度。如果你对观众足够尊重的话,你会从观众的角度去考虑许多问题;如果你自己本身就是观众的话的,你做出来的作品给自己,你就会明白其中的奥妙,这样你跟观众就没有隔阂了。所以我们的艺术家有时候,太把自己跟观众分离了。但是我不喜欢这种分离状态。","我喜欢我始终处在一种非常 open 的状态,……这样就会有更多的信息,或者更多的生活本身的感受涌进来。……现在很多画家画画都用照片了,但照片的来源我始终控制,我几乎不会为自己的作品拍照片。……我认为这样的话,永远都会有一些东西能够触动我,是在我的想象力之外的。但如果我总是为自己的作品拍照片的话,那么所有的照片都是在我的想象力之内的。一幅作品可能是这样想出来的,但长期下去的话,这个东西是致命的。"

铁林记录的是无拘无束的谈话,所以难免出现个别用 XX 标示出来的字。如果这些话都袒露出来虽然更真实,却也有不够文雅的地方。比如鹿林对自己 know how 即技巧的揭示就有这种问题。

鹿林说:"我一般是早上四五点钟爬起来,起来后的第一件事先手淫,这已经是一种习惯了,然后开始画画,画到中午。现在喝酒的时候很少，但昨天喝酒喝多了，喝了好几场酒……"这种说法如果不是夸张，几乎是一种病态，但这里毕竟有真理。艺术家的创造力总要有点生理基础，也多会表现为行为的怪异。略萨的小说中有一位歌手，进录音棚之前也总先上卫生间行事，所以音色柔情、甜美；而他的崇拜者了解了这一隐秘后更感到痴迷。

鹿林与方力均刚好相反，他的画似乎是藏不住的，有买主他就卖，因而什么也没剩下来，况且体力"透支"过大，如何可能持续呢？！铁林的书里说，他已义无反顾地离开宋庄了。

我们今后也许还会看到鹿林的作品，在他的作品中多少也可以找到他生命的痕迹。不少美学理论是将艺术作品与艺术家及其生活、创作、行为方式分别对待的，因而艺术家就更像是一些道具、供奉或牺牲。这种美学理论未免过于无情，它使艺术鉴赏变得很残酷，因为你是在观看艺术家真实生命消逝的过程，你的观看还没有过瘾、解恨，那些艺术家却已经老了、废了、残了。但真正的艺术毕竟是用艺术家的生命换来的。真所谓红颜薄命，一个伟大艺术家一生能留下几件永恒的作品呢？思想家又何尝不是如此呢？福柯为什么要混迹于同性恋者的社区之中？为什么要到人迹罕至的山上去体验致幻剂的药效呢？又为什么能从不幸车祸中体验到赴死的快感呢？所以我们不能占了便宜还卖乖，一边因艺术作品的存在而得以与真理谋面，一边却谴责艺术家的行为不端。也许我们对其生活及创作方式有更多的了解才能更深地体会其作品的意义。

作品。在文明高度发展的时代，没有人可能拒绝高等教育，艺术这个行当也是这样。中国的现代艺术教育尤其是西方式的艺术教育，曾长时间地保存或限定在高等艺术院校里。但学习与学习不同，有些学习就学僵了，只注重技巧、形式，而忽略了内容和生命的创造。宋庄的艺术家们从美术院校里出来，却保持着强烈的探索心态。我们可以注意到方力均的一种说法："画家有互相提意见的习惯，比如在我的工作室里面，有的人会说，方力钧，我觉得你应该这样好一点，我都会毫不客气地对他说，你不能给我提意见，这是我自己的事情。这个事情我必须要懂，如果我做好了，是我自己的事情，如果我没有做好，也是我自己能力不行。"这好像与谦逊的品质问题无关。

艺术行业本来就是残酷的。新艺术的诞生并不会把旧的艺术挤出局，相反传统的艺术作为一种不可企及的典范永远催生着新的形象，因为艺术就是创造性本身，她拒绝模仿，拒绝重复。不创新，毋宁死。

艺术的创新还要经历公众认可的程序，按照伽达默尔的说法，她是在一个比形象创造更为基础的游戏结构中存在的；艺术家的巨额投入是在没有与观众签约的情况下进行的，因而它就像一局豪赌。而在现代商业社会中，尽管取巧的可能是存在的，但另一方面说，即使真正抓住了生活的意义，由于公众认同过程来得太慢或过晚，艺术家饿死的可能也同时存在。对于标榜"前卫"的艺术家，这就是风险所在。有多少人会愿意在刀锋上讨生活呢？

创作还并非单纯的形式，艺术家如果不能更深一层地揭示出生存的意义，那他注定会是一个失败者。在这个意义上我曾更多地注意西方现代派中超现实主义的绘画，而在近年的宋庄也许可以关注一下所谓的行为艺术。

国内近年的行为艺术受到许多批评，但我常常感到那些批评不是艺术的。由于行为艺术有强烈的干预生活的企图，因而那些受到批评的艺术家与其说是挑战了艺术，不如说是挑战了传统的伦理。比如成都一位艺术家的作品甚至引起了西方同行的愤怒，并欲阻止作品的继续完成。我的确没有听说国内有什么太成功的行为艺术作品曾短暂地问世又消逝了，但我还是把这里的原因归之于思想传统的羸弱，尤其是对人、对存在问题缺乏深刻的思索。因此人们至多是从各自的立场出发，批评了某些行为艺术作品或尝试，而无法否定行为艺术的完整方式。同时我们还缺少对这样一种较为极端的艺术活动及其作品的艺术批评。

宋庄的片山做过一个行为艺术："2000年的时候，我在怀来做了个活动。我在一个两米见方的黑箱子里,困了七天,我的表哥住在帐篷里负责我的食宿。2000年1月1日那天早晨,我用斧头劈开箱子,出来迎接新世纪的第一个太阳。可以说,这件事的最初想法也是观念的,我自以为是地想在2000年之际代表什么真正的思想者、孤独者和承担人类命运者,又想起人们对环境的关注,对人类命运的提醒,于是我带着某种悲壮的感觉进去,出来才发现压根儿就没有人对我的观念感兴趣,当地的农民除了好奇,还被我们这群疯子弄得很混乱。他们才不理会什么环保啊,什么人类命运啊这类屁事儿!在回城的车上,一个朋友问我在里面都悟到些什么,我说,就觉得空气最重要。朋友大笑说我失败了,还以为我悟到了什么呢。是啊!我应该悟到些什么,可我什么也没有悟到,倒是现在感慨良多,朋友怎么会知道我关在里面的滋味呢!在车上,我真是百感交集,深感思想观念的虚幻,我无法传递,因为这是我独自体验到的。"看来,这个"行为"该如何评价的确还是个问题。但我们是否应该为行为艺术的创作提供一种较为宽松的环境呢?

  行为艺术本想突破传统美术作品的永恒性,因此让其成为一次表演。一旦表演结束,作品便不复存在。但现在的行为艺术都留有摄影或录像资料(尽管表演的当时都有见证人即观众),可见其不能真的放弃"流芳百世"的追求。行为艺术有偶发性,一些情节是即兴的,甚至参与者也是不确定的(有时观众也是参与者)。这与早期的戏剧有相似性,只有个大致的"幕表"(情节规定了),演员们跟着感觉走,台词想怎么说就怎么说。行为艺术最大的"问题"来自于其以"身体"为媒介,而这个身体在较多情况下是暴露的。很多批评者的意思是说行为艺术家有裸露癖或窥视癖,而安全地实现这种欲望只有打出艺术的招牌。严格说,身体不等于裸体,裸体也不等于色情,这里还有相当一段"政策"距离。在西方,从古希腊开始就有裸体的雕塑存在,并且无限美好。而在我们的文化环境中,当年杭州艺专刘海粟们画模特引起过轩然大波;90年代人体艺术大展也闹得沸沸扬扬。在这类事件中其实都不是艺术有错误,而是我们的艺术观念有差距。所以我们这种"国情"能与时俱进才真正有助于行为艺术的健康发展。

然而说到底,行为艺术的要害是艺术,作为艺术作品其形象("身体"或"事件")背后一定要有某种寓意或蕴含,要表达对生活的特定评价;哪怕你是某种"苦闷的象征"。所以网上有一个说法我很赞成:"两位性感女郎与888条蟒蛇同眠一周,压根就是商业性的竞技娱乐。"(岛子)该文提到一个表达极端反抗的恐怖个案是一位维也纳艺术家,"他为自己的艺术而殉难;一寸寸地连续切割自己的阳具,为此死于1969年,享年29岁(1972年卡塞尔的'第五届纪录片大展'以艺术事件的录影带方式,展示了这种疯狂的恐怖)。"这在一个有殉难传统的宗教文化和弗洛伊德理论的环境中,其作品的意义不难理解,艺术鉴赏的残酷性也被公开了。

在若干年后反省温州地区经济发展的历程时,人们说温州是一个"自费改革"的典型:国家没有给什么特殊优惠政策,还顶着各种政治风险。宋庄大概也是这样一个自费启动文化体制改革的特区。我以为从上述三方面看,这个特区的确是有特色甚至取得某些成就的。铁林的镜头已经在不太晚的时候,将这里的实验部分地记录下来了。

将宋庄当作一个特区,而且是一个自费改革的特区,就是希望人们以一种新的眼光去审视它。比如说,我们能不能试着以20年以后的眼光来打量它,评价它。悲剧是一种艺术,有时艺术必然有一种悲剧命运。用恩格斯的话说是"历史的必然要求和这个要求的实际上不可能实现之间的……冲突"。印象派的作品在西方最初也是不为人们所接受的,今天却都价值连城。因而人们对艺术创作应该有格外的宽容:

比如我们考虑到艺术作品与艺术家可以相对区分,那么我们是否更应该反省我们对艺术的态度,而不是挑剔艺术家的生活小节?我们是否没有必要直到画家把他与其模特的关系洗刷得特别白以后才接纳那些美的原型呢?

比如国内的艺术批评家常把现代主义仅仅视为形形色色的形式主义流派，将国内各种现代主义思潮的追随者仅仅视为西方艺术形式的模仿者。而现在宋庄诞生的许多画作就是从本土的生活出发的，他们绘画形象的创新不再是对西方某种艺术派别及绘画技巧的简单模仿，而是从自己的生命中感受、体味出来的。那么宋庄的艺术不正是纯粹中国的吗，尽管它们还可能漂泊海外，面临"再区域化"的命运？

比如我们考虑到宋庄有激烈的生存竞争，有与学院的悠闲所不同的环境，而中国的现代艺术就从这里开始，充满艰辛地向世俗的生活中生根，那么我们就不能容忍他们在这种很极端、很刺激的生存状态有几分醉生梦死，不时来点"高峰体验"吗？不然人人都很小资，都很中产阶级，都很平庸，如何会有艺术产生呢？

又比如我们考虑他们与城市的"间离"，考虑他们对"自然"的回归愿望，那么能不能对其有点返祖，有点野性的行为艺术予以宽宥呢？等等。

从黑格尔的时代起，美学家们就受到一种煎熬：艺术的地位越来越高，艺术品市场越来越大，艺术品的价格越来越高，而艺术即将终结的焦虑始终困扰着他们。一方面他们控诉商业时代对艺术的亵渎和伤害；一方面他们毫无自信地站在艺术界的大门口，想招徕更多的艺术家，又唯恐把骗子放进来令自己蒙羞。令他们游移的可能是艺术标准的朦胧和对时代变化的不敏。全球化是艺术存在的一个新的环境和新的时期，也是艺术的一个新的问题与对话对象。21世纪能让艺术从容面对吗？会让美学家免除对艺术终结的焦虑吗？中国的艺术又应该如何呢？所有这一切现在都还仅仅是个开始。相信这次中国人会比以前聪明，会让宋庄的实验继续下去。

把眼光调到20年后，这样焦距更清晰。这是我当着铁林的面说的一句外行话。

也是一种想象[1]
——知识经济时代的艺术投资和"宽视现象"的启示

想象,如果用它来说明艺术创作的重要过程,似乎已没有多少新意,但如果用想象来说明艺术投资者的商业决策就多少令人惊诧。让我们试着做做看。

一、企业投资比个人投资更具意味

随着中国经济的持续增长、国内居民富裕程度的提高,艺术品消费日渐引得人们瞩目。北京、上海、广州及西部的西安、成都等城市以原创艺术作品销售为目的的艺术博览会、双年展此起彼伏,艺术品销售火爆。山东等地的中国画市场也声名远播,吸引了全国各地的购买者。在国际艺术品市场,中国艺术家风格多样的作品也逐渐成了气候,占据了显著的地位。在国际著名拍卖公司如嘉德、索思比的拍卖会上,中国艺术品的价格屡创新高。中国文化在艺术不断创新的过程中,在"走出去"闯荡国际市场的过程中,逐渐树立起自身鲜活的形象。

在这个潮流中最使我们关注的是,参与艺术品交易的不仅是那些收藏者个人,而且有越来越多的企业组织。如北京保利集团2000年就在香港市场上,以近3千万元的巨资收购了清乾隆年间放置在圆明园中的铜牛首、铜猴首和铜虎首;而上海一家房地产公司也以100万美元的价格从法国方面购得罗丹雕像《思想者》的一件翻制品,让其永久落户浦

---

[1] 本文原载《文艺研究》,2004年第2期,后为人大复印资料"造型艺术"2004年第4期转载,并被《新华文摘》2004年第12期摘登。

东罗丹广场。拥有雄厚实力的企业的加入使艺术品市场竞争更加激烈，甚至令一些收藏者个人或小型画廊主持人望洋兴叹。

在这种情况下，有不少的行家里手开始在媒体上谈论"收藏经验"，诸如"投资新兴领域"，即正在崛起的中国油画；"投资明日之星"，即今日仅小有名气的艺术家；"投资前卫艺术"；"投资健在的著名老画家作品"或"投资写实功底深厚的绘画、雕塑等艺术品"等。其他还有所谓"以空间差价经营获利"，即利用各地之间信息或政策上的差异，低价进高价出；"以时间差价投资获利"，即靠"捂"把价格熬上来，以及"时间差价和地区差价结合经营获利"等。这类经验除了是建立在对艺术品乃至艺术史的深入了解基础之上以外，实际上已经和金融投资即"炒股"没有太多分别。而这里没有谈到的正是个人投资与企业投资的重要差异。

其实，将"炒股"经验用于艺术投资也提示人们，今天的市场已经不是昔日的集市，现代金融业及各种金融手段的发展标志了整个经济增长的阶段性特征：人类已经跨越了农业经济（第一产业）、工业经济（第二产业）的阶段，并逐步从服务经济（第三产业）、信息经济（"第四产业"）向内容经济（"第五产业"）的时代过渡。这时，艺术投资已经不仅仅与少数个人的趣味或雅好相关，而是与一个社区、一个地区、一个国家乃至一个区域性市场的经济活力、增长后劲，以及可持续性等重大问题紧密相关。发达国家在90年代以后，纷纷出台国家文化产业、创意产业政策，就是为了在新世纪的经济竞争中立于不败之地。

美国是一个市场经济制度最彻底的国家，它竟然连文化部都没有。可即便如此，成为其"准政府文化政策"的文件就叫作《文化投资：州的政策创新》。这里所谓文化投资当然比我们说的艺术投资内容稍稍广泛一些。但我们应该关注它的内容，如果它揭示出文化艺术投资可获得巨额经济回报，那么不仅对美国各州具有示范作用，而且也应会让我们的企业和各级政府心动。

报告告诉人们:"非营利性文化产业每年为联邦、地区、州及地方创造244亿元的税收。相比之下,联邦、州及地方各级政府每年为支持艺术而投入的资金不足30亿元。政府每年对非营利性文化产业投资的资金回报是8倍多。"另一个事例同样引人瞩目:"1980年以来,'国家重点街区保护中心'……项目启动以来,……共获得公共及私人的重新投资达161亿元,平均每个社区970万元。而社区用于重点街区保护的每一个美元,则带来了40美元的再投资。"报告还说:社区文化氛围的提高、生活质量的提高会使一份工作对知识人才的吸引力增加33%。这就是美国人眼里的文化、艺术。而我们觉得,中国人在讨论艺术投资的时候,也应该考虑这样一个基础性的问题域。我们如果仅仅像那些个人投资者、画廊老板那样考虑问题,对中国刚刚预热状态下的艺术投资热就会缺乏真正的敏感,就会近视,就会聚焦于菜市场里那种锱铢计较式的讨价还价,或仅仅热衷于某几次"吃仙丹"[①]的奇迹。

因而,随着像"宽视""保利"这样的一批企业大举加入艺术投资领域,我们看到的不仅是对与艺术家的某些利好消息,而且首先是中国经济健康发展的一个新契机。多元资金大笔大笔地投向艺术,这是一个新时代的标记。

二、企业投资艺术的创新模式比传统模式更具优势

人们关心个人艺术品消费,相信能够以几十万乃至一百万的价格购买商品房的消费者会愿意以几万元或十几万元的价格购买艺术品;而我们更关心企业的艺术投入,比如在今天已经有些"泡沫"的房地产市场上,开发商提高在建项目竞争力的手段恐怕最终会是艺术投资。个人收

---

① 业内说"吃仙丹"指的是在市场里某些真品被人们视作赝品低价出售,高手独具慧眼,断然买下,接下去查找其为真品的依据,揭诸于世人;投资者恍然大悟,争相高价收进。如此,投资者获利百倍,短期内就实现了成功的投资。

藏仅仅意味着终极消费；而企业艺术投资则意味着商品附加值的提高。

不仅如此，我们还更关注一些新型文化企业的艺术投资模式。一般说，企业介入艺术投资的优势在于资金的雄厚，通常说，它是吃"批零差价"。画商、画廊的做法就是这样。然而在知识经济时代，新型文化企业的经营模式比它们棋高一着。

这样我们就可以看到两种类型的企业化艺术投资模式：传统的如画商、画廊，以及新兴的，比如说"宽视模式"。所谓"宽视模式"是指上海宽视公司在1999年正式签约西安画家刘令华；并且共同锁定中国传统戏曲题材，迅速推出一批颇具影响力的"国粹油画"的商业操作探索[1]。根据公司负责人的介绍，宽视公司的探索有几个基本特征：一是"深度介入艺术创作"，即"国粹油画"的主题创意是公司主导的。艺术家刘令华在签约前的作品题材并不显著地聚焦在传统戏剧方面，但公司看好艺术家的某些创作潜能。公司的提前介入，使宽视与艺术家共同拥有系列作品的知识产权，于是为各种后续操作奠立了一个便利的基础。其二是"组合各种社会资源，以社会效益主导经济效益；让历史价值融入艺术作品"。宽视公司在推介艺术家刘令华作品的过程中，努力把握各种历史机遇和文化题材，让刘令华的绘画作品出现在上海 APEC 会议的会场里，以及各地京剧艺术节演出场所的醒目位置，甚至让他的画作上还留下了京剧表演大师梅葆玖先生的题词。油画作品因此也成了民族文化庆典活动中的美好道具和重大国际性历史事件的可靠见证。三是继续打造艺术作品的价值链条。宽视公司不仅让刘令华的绘画有机会赴日本、法国、中国香港等地展示，而且还让其作品形象变成电信卡之类的金融衍生产品，还努力使之成为系列商品的品牌，希望开展授权经营，等等。在这个方面，人们还可以拭目以待。

---

[1] 参见朱建民："介入文化产业，投身艺术市场运作"，载《2001-2002年：中国文化产业发展报告》，社会科学文献出版社，2002，第297-304页。

将宽视公司的艺术投资操作称为模式在很大程度上有点理想化色彩，它毕竟只是一个个案。但通过它我们已经可以清楚地比较出一个不同于画商画廊那种传统艺术投资模式的新型模式。我们曾为描述艺术产业发展对行业内以及行业外的巨大拉动作用做过一个"ABC"的模型[①]。其中A代表艺术art或艺术作品artist work，泛指一切文化产品；C代表收藏家collector，泛指所有消费者即consumer；而B则代表business，指所有商业环节。这里重要的是B这个环节的拓展：文化企业的艺术投资不仅会拉动文化产业内部各个环节（以bn表示）的发展，还会向其他传统制造业或传统服务业（以bn表示）扩张。最终这个扩展了的B环节使整个公式成了：

$$A-B(b_1^1-b_2^1-b_3^1\cdots-b_n^1-b_1^2-b_2^2-b_3^2\cdots-b_n^2\cdots\cdots b_1^n-b_2^n-b_3^n\cdots b_n^n)-C。$$

现在让我们运用这个公式，分析一下传统的商业性艺术投资模式和新型的商业性艺术投资模式有哪些不同。

这种不同主要有两个方面：第一，传统的画商、画廊方式仅向下游方向（C）做工作，即向收藏者、消费者推销自己收购的艺术作品，而对上游方向（A）无所作为；新型的艺术投资不仅向下游方向做工作，也对上游方向、对创意、题材等有所干预。用商业术语说，前者是做销售的工作（sale），而后者是做营销（marketing）。第二，传统的艺术投资方式仅仅对行业内的不同环节有一定的拉动效应，如画廊出资为艺术家印画册、办个展、登广告等；新型的艺术投资则不仅拉动文化产业内部各部门（bn表示的部门）的发展，也拉动传统产业（bn表示的部门）的发展。日本一家动画公司的卡通形象凯蒂猫（Hello Kitty）据说已经被负载在1.5-2万种商品上，所有这些商品都要向那位形象拥有人支付知识产权费用。这已经非常清晰地向人们展示出艺术投资的巨额回报前景。

---

① 参见章建刚："艺术品的价格构成和艺术市场的产业化程度"，载《艺术当代》，《艺术当代》编辑部，2002。

简单地说，传统艺术投资模式是单纯的、线性的、一元的、窄带的；创新的艺术投资模式则是复合的、全方位的、多元的、宽带的。在市场竞争中这两种模式的力量对比是显而易见的。

三、艺术投资对想象力的要求更高

在不少西方现代思想家那里，艺术与市场似乎是水火不相容的：艺术追求真理，而市场仅仅追求利润最大化。同时，艺术家个人的创作自由是神圣不可侵犯的，艺术那种前卫的表达永远不可能在追求均质化的市场上得到认同。在不少中国学者看来，商业因素对艺术创作的干预就像若干年前政治因素对艺术创作的干预一样，结果注定是不幸的。这些在一定程度上有事实依据，体现了学者某种终极关怀或人文理想[①]。但历史正在发展，一些新的趋势会慢慢改变人们的成见。

这些新的趋势或许可以从市场和艺术两个方面来描述。

人们谈论"后工业社会""后现代主义"等已经有很长一段时间，但这种用"后"字定义的概念一直是靠它后面的关键词界定的：人们只有知道什么是工业社会和现代主义，才会对后工业社会、后现代主义有所感悟。但从20个世纪70年代起，尤其是到了90年代，"知识经济"这个概念的产生开始改变这种局面，它给予"后工业社会"以及特定语境下使用的"后现代主义"以某种正面的规定。而知识经济自身的发展轨迹正是从法兰克福学派否定性使用的"文化工业"一词开始，向晚近逐渐成为中性用语甚至褒义词的"信息产业""内容产业""创意工业"方向靠拢的。Knowledge-based economy 眼见着向 Art-based economy 转化。除了我们上述关于市场推动文化传播的讨论外，麦克卢汉、戴安娜·克

---

① 参见哈耶克、诺齐克等：《知识分子为什么反对市场》，秋风编，吉林人民出版社，2003。

兰等人的研究实际上也揭示了文化穿透市场的长远趋势①。我们说，如果文化因为进入市场不免沾染几分铜臭的话，那么市场也由于文化的进入而带上些许书香。

这里的关键是我们怎样看待市场，尤其是知识经济时代的市场。讲究现实的市场和追求理想的艺术有一定的差距，但市场本身并不是艺术的天敌。人们容易看到的是市场中企业利润最大化的商业目标，而容易忽视的是这个目标背后更根本的目标，即消费者需求。顾客才是上帝。所谓后工业社会就是说企业生产的产品更多的是终极消费品，而不再是另一些企业的生产工具、重型机械等等，因此它必须负载日益增多的人性化设计。这样的目标既是商品设计者的专业理念，也必须成为企业领导人的思考起点。在这样的情况下，艺术与市场有了共同的契合点：一切为了人。历史地看，这是市场向艺术靠拢。

按照海德格尔的看法，思想和计算是两种不同的生存方式，前者是根本性的，后者是现代社会或者商业社会的弊端。可到了知识经济时代，企业家也不得不去思，而不仅仅是算。我们曾经说，艺术作为人文学科的代表，最终关心着生活的意义问题。而对生活意义的体验、理解既不是靠观察、实验等自然科学的方法去发现的，也不是靠计算这种商业方式揭示的，因为那个意义本不是现成存在或一成不变的。它是思的构建，是持久的想象，是一种希望。现实中无定的人总对永恒怀有一分形而上的执着。凭着这种想象，他把明天做成了现实。这个意义上的思等于想象，想象等于创造，而思与在同一，因此，存在就是被想象（To be is to be imagined）②。现在我们说，想象，而不仅是计算，已经成为对知识

---

① 参见麦克卢汉：《理解媒介》，何道宽译，商务印书馆，2000；克兰：《文化产业：媒体与都市文化》，赵国新译，译林出版社，2001；章建刚：《文化产业发展的几个基本逻辑》，载《中国文化产业评论》（第一卷），上海人民出版社，2003，第64—79页。

② 参见聂振斌、章建刚等：《思辨的想象》"前言"，云南大学出版社，2003。

经济时代的文化企业领导人的素质要求。

应该指出，虽然文化产业在本质上说都是传媒，但其市场竞争最终是靠产品的内容或服务给人的体验取胜。艺术投资不仅属于一般意义上的风险投资，唯因其风险高，获得高额回报才是合理的。而且通常的风险投资只是针对高技术，这里的风险投资针对的却是高文化，是为文化、价值、意义、理想等的历史延伸"下注"。相对地说，技术类风险投资的决策靠计算；而艺术类风险投资的决策拼的只能是思，是想象。

如果是这样，那么宽视公司的决策就是富于想象力的。它不仅使刘令华的绘画艺术作品中同时负载了传统戏剧艺术的价值，也让它负载了中国现代化进程的各种历史价值。它还希望这些价值能负载在其他类型的产品和服务当中。它要让更多的消费者而不仅仅是绘画艺术或油画艺术爱好者对其进行货币投票。

当然，这是一种理想主义或理论的态度。我们没有说宽视公司的艺术投资已经获得了成功，相反我们看得到宽视公司投资艺术的巨大风险，尤其是当公司采取的是"投资明日之星"以及"深度介入艺术创作"的策略时就更是这样。现实永远都具有成功和失败两种前景。但是起码，如果我们也对艺术创作的自由有某种担忧，对艺术作品被商业炒作的结果有某种担忧时，我们仅仅是担心企业在计算和想象之间能不能把握好分寸，两种技巧搭配能不能获得乘法效益。严格地说，企业的长期行为也不应是无限遥远的。人们要求企业想象的只能是有限历史时期内人对生活意义的理解、判断和构建。而它手里把握着的艺术品什么时候该果断出手靠的是精微的操作技巧和计算。艺术是一种游戏；商业也是一种游戏；而现在，商业与艺术联手，玩的是一种更高超的游戏。胜负转换往往在一瞬间就颠倒了。问题是我们到底关心什么。

四、企业投资艺术给美学家留下的艺术问题

企业趋向艺术投资，必将给艺术市场带来巨大的资金注入，带来一些令"散户"瞩目、追随的"大户"。那么，这会对艺术自身的发展产生怎样的影响呢？艺术是否会因而变得粗俗呢？

市场无疑不是万能的，失效是难以完全避免的。好在艺术还不至于完全被装进市场。西方各发达国家政府明确制订文化产业政策就是要扶持艺术原创，甚至包括以转移支付的手段来校正市场偏好。但是，方向性缺失似乎是各种标榜"后现代主义"的艺术流派的共同特征。"投资明日之星""投资前卫艺术"的风险就在这里。如果真像福山说的，民主制度的普遍实现意味着"历史的终结"，于是满大街走着的都是"没有胸膛的人"，人们还会有对艺术的渴望吗？对这种问题的疑惑同样是"后现代状况"的特征。

一位被划入"后现代"范畴的思想家伽达默尔，曾经敏锐地批评了近代以来那种从审美心理经验进入艺术研究的方式。他不接受康德审美无利害的观点，对黑格尔在《美学》中对各种艺术门类进行的排序也进行了某种反拨。他说："那些由体验艺术观点来看处于边缘的艺术形式反倒成了中心；这里就是指所有那些其自身固有的内容超出它们本身而指向了某种由它们并为它们所规定的关系整体的艺术形式。这些艺术形式中的最伟大和最出色的就是建筑艺术。"①

黑格尔曾将建筑视为艺术的初阶，它仅仅为神的出场"建立起庙宇"。艺术的第二个演进阶段雕塑出现了，神"自己走进这所庙宇，以个性的闪电似的光芒照耀着并且渗透到那无生气的物质堆里"。第三阶段是"从神本身进到信士群众的虔诚膜拜"，先后通过绘画、音乐和诗歌，

---

① 伽达默尔：《真理与方法》，洪汉鼎译，时报文化出版企业有限公司（台湾），1993，第221页。

"原来在雕刻里神所具有的那种坚定的统一就分裂成为许多个人的内在生活,而这许多个人的内在生活的统一却不是感性的而是观念性的。"① 于是艺术"终结",被散文和哲学所取代。"我们尽管可以希望艺术还会蒸蒸日上,日趋于完善,但是艺术的形式已不复是心灵的最高需要了,我们尽管觉得希腊神像还很优美,天父、基督和玛丽亚在艺术里也表现得很庄严完美,但是这都是徒然的,我们不再屈膝膜拜了"②。但伽达默尔的话使我们感到,艺术史仿佛开始了新的一圈轮回。这很像是一个新的时代的开始。

对于无论是黑格尔,还是伽达默尔,我们都需要继续理解。但伽达默尔的哲学思考已经提示我们,再沿着现代主义各种派别运动的轨迹向前瞻望也许是不够的;再梦魇般地被诸如杜尚《泉》之类的作品所纠缠也许是不合时宜的。艺术创作自由当然是不可缺少的,但艺术家完全主观的一意孤行也许不行了。人们需要更多的交流。市场虽然不是完全真诚,却是最有效的交流。文化产业的发展不仅带来了包括粗俗的大众文化,也历史地落实了公民的文化权利。对于美学家来说,也许不仅要从审美回到艺术,而且要从艺术创作回到包括鉴赏和社会生活在内的完整的艺术活动。人们也许会看到,无论流行艺术形式,还是艺术风格,在文化产业发展的潮流中,都会受到相应的拉动,都会形成一些新的特征。美学家不仅要继续关注所谓"精英艺术""高雅艺术"或"古典艺术",而且同时应关注"大众艺术",即大众传媒时代的艺术,关注那些与文化工业相关的、综合的设计艺术。一个简单的例子就是,像本雅明那样对电影这种"机械复制时代的艺术"抱有成见并没有更多的道理,而这种诞生在文化产业发展初期的新的艺术门类的主创人员似乎更知道主动

---

① 黑格尔:《美学》第一卷,商务印书馆,1979,第 105、108 等页。
② 译文转引自朱光潜:《西方美学史》下卷,人民文学出版社,1964,第 148 页。

争取大笔商业投资，而且不让它影响自己的创作自由。我们可以想象，电影《一个都不能少》（张艺谋）中"有点麻"三个字就足以让特定的饮料商欣然解囊。这里的确有一种双赢局面可以去争取。大众传媒时代的艺术家本不应忽视对传播效果的追求。而理解未来，继续澄清艺术的命运，这是我们所有围着艺术打转的人应该拓展想象力的领域。

山西民间音乐遗产传承的三种模式[①]

非物质文化遗产又叫无形文化遗产，对它的保护正成为一股世界性的潮流。2003年联合国教科文组织通过了《保护非物质文化遗产公约》。我国是该《公约》的创始成员国，在普查的基础上，至今已公布了两批近1100项的非物质文化遗产保护名录；省级名录中还有3800多项[②]。但非物质文化遗产的性质究竟如何？在现代化进程中它的命运如何？根据它的属性进行保护的正确方法是什么？这些问题仍然值得探讨。

一、什么是民间音乐艺术遗产？

对文献的不完全检索给我一个印象，民间艺术（文学、美术、音乐、舞蹈等）似乎没有得到严格的界定（定义），多数文献只说民间艺术是产生于民间，在民间流传的艺术。这是同义语反复。接下去除了外延的分类有些定义至多是说它们与专门家、大传统中的艺术相区别，比较粗糙。这很难揭示出民间艺术的本质和内在价值。原有的定义实际上还没有理解和吸纳当代社会积极保护以民间艺术为核心的各类非物质文化遗产的意义和理论动机。

[①] 本文是我在山西大学任特聘教授时，与王亮教授共同主持的一个国家社科基金项目《山西省民间音乐遗产的传承与保护》的缩写本。它实际上是以山西民间音乐传承保护为例，讨论我国非物质文化遗产保护工作的一些基本原则。参加这个课题调研与写作的教师、研究生还有赵海英、郭威、刘晓伟、常宇杰、杨阳等。该项目曾获山西省"2007年山西省社会科学优秀成果百部（篇）工程"一等奖；整个项目内容（一个总报告和六个分报告）已于2007年9月在中国社科出版社出版。

[②] 今天这个名录已经变得更长。

有鉴于此，我们课题组从下述五个方面对民间音乐进行了界定：

1. 它们是小型社会的艺术。以相对封闭、自足的方言—经济—婚姻关系共同体为流传区域的村社艺术。

2. 它们是前现代文明的艺术。汉民族的民间艺术从内容总体上说属于农耕文化的范畴，表达农耕文化的趣味。但理解农耕文化要宽泛一些，不能仅仅要求它表演生产过程。像《走西口》唱的是小妹妹对外出做小买卖的情郎的思念。这里还有对乡土的依赖。

3. 它们是功能性的艺术。小型社会的分工并不复杂，艺术没有成为独立的表演和个人的娱乐。这里没有为艺术的艺术。因而民间音乐不是随时随处可以表演的，而是有特定的场合和程序。民间音乐往往是作为乡土社会集体性的节庆礼仪的一部分（道具、程序）呈现的。民间音乐承担着小型社会中人际关系的协调功能和民间信念的表达功能，或说负载了特定的伦理—政治—宗教功能（用雅克·阿塔利的话说叫"牺牲"）。民间社会的成员是使用音乐，而不仅仅是听音乐或欣赏音乐。它的表演背后有一套民俗制度的支撑，它的意义需要在这套制度中确定。这是民间音乐与今天的高雅艺术、古典音乐很不一样的地方。在这个意义上，民间音乐及其创作再创作具有集体特征和仪式性特征（因为它的创作者是集体的、匿名的）。这就是说，民间音乐（民间艺术）是具有特定社会功能的，换句话说，民间艺术是依附性的。

4. 民间音乐是（口头或器乐的）表演艺术。表演具有即兴的特征，艺术的创作、再创作、接受（认同、批准）、传承都是在表演过程中进行的，没有底本或样板。艺术的创造性（对传统的塑造、改造、突破）都表现在各种艺术细节的创新上。因此民间音乐（民间艺术）是不断变化的，而变化往往是细微的、不经意之间发生的。没有另外的文字记录正是其艺术性容易体现的条件。

而另一方面说，这种表演又不是表演者任意的自我表现，它是人类社会希望影响自然进程的努力。通过这些表演人们希望把未来控制在自己手中，而不是对已发生的事的简单回忆。在这个意义上说，艺术引领生活。于是在我们和非物质遗产传承人之间似乎有一个矛盾：我们希望找到更加古老的、原汁原味的艺术，而那时的艺术严格说来是当时的人创造未来和新生活的努力。他们在追求变化，而我们希望事物不要变。因此客观地说，我们不可能在现存的民间艺术中找到更古老的作品。和现存各种有精确历史年代测定的物质文化遗产相比，它们的年龄要相对年轻，和当代的生活更接近。

5. 民间音乐有多样的表演、存在方式，并不定期地与大传统、周边文化有交往关系。民间艺术有对外传播能力和文化影响力。在一定意义上说，民间艺术自身内部有进城、上台、在线（on line）的潜能和倾向。

归纳起来说，民间音乐艺术是（相对封闭的）小型的前现代社会中仪式性并具有对外影响力的、多种类口头或器乐即兴表演的时间艺术（因此属于非物质或无形遗产）。由于没有或没有有效、充分的记录手段，民间音乐的发展变化往往是不自觉或不被注意的。这是我们运用理论（概念）的方法对民间音乐进行的界定。从历史的维度上看，民间音乐属于过去的范畴，但距我们并不遥远。这里的关键首先是，非物质文化遗产是"活的"，是既要继续存在又要不断变化的艺术与生活方式。"活体""活态"保护才是我们进行保护的最终目标。其次我们注意到它们是大传统、外部世界有交流的可能性，有转型的可能性。

在我们看来，民间音乐在人类口头和非物质文化遗产当中占有核心地位。《保护非物质文化遗产公约》对非物质文化遗产的定义是："非物质文化遗产指被各群体、团体、有时为个人视为其文化遗产的各种实践、表演、表现形式、知识和技能及其有关的工具、实物、工艺品和文化场所。各个群体和团体随着其所处环境、与自然界的相互关系和历史条件的变化不断使这种代代相传的非物质文化遗产得到创新，同时使他们自己具有一种认同感和历史感，从而促进了文化多样性和人类的创造力。"《公约》在此定义之下列出了非物质文化遗产包括的五个方面：

1.口头传说和表述,包括作为非物质文化遗产媒介的语言;2.表演艺术;3.社会风俗、礼仪、节庆;4.有关自然界和宇宙的知识和实践;5.传统的手工艺技能。这里口头性和表演性是最基本的。社会风俗礼仪是其发生的环境,各种地方性知识和信仰是其内容蕴含。民间音乐显然是最符合这几项标准的。而艺术技能就体现在表演当中。这种技能在所有"传统手工艺技能"当中更是最美好和最具价值的。因此,民间音乐应该得到各地的大力保护。

二、民间艺术怎么成了遗产?

提起民间艺术几乎人人都会认为它们是很美好、很珍贵的,那么它们怎么会被弄到了濒危和差不多被遗弃的境地,怎么好好的东西就变成"遗产"了呢?

在课题研究中,我们曾对山西省被录入"五大《集成》"[①]的民间音乐品种中近100个进行了简单的现状普查。结果发现在民歌、民间歌舞、说唱、民乐和民间戏曲这五个部类中分别有4%—60%的品种处于濒危和灭绝状况;剩余的有40%左右是勉强维持的状况。状况比较好的只是极少数。为什么会是这样呢?

应该说,都是现代化惹的祸!

(一)现代化尤其是赶超型的现代化过程是造成民间音乐艺术衰败、成为遗产的根本原因

我们知道,人的文化作品反映着他们完整的世界观或者叫传统知识体系。人的生产方式、技术水平也决定了他们对世界和人际关系的感知。

---

① 即中国艺术研究院研究人员经过多年努力编撰完成的《中国民间歌曲集成·山西卷》《中国曲艺音乐集成·山西卷》《中国民族民间器乐集成·山西卷》《中国民族民间舞蹈集成·山西卷》和《中国戏曲音乐集成·山西卷》,反映了山西民间音乐二百数十个品种在20世纪70年代里的状况。

我们说，有了飞机就没了思念，地球变成了一个小小的村子。人的想象也完全变了，变得更世俗，比如做梦买股票或者彩票中奖、发财等等，而不是像古希腊人那样，想象用蜡或蜂蜜把羽毛粘在身上，有了翅膀飞到天上；还要小心不要太靠近太阳，以免那些蜂蜜和蜡被烤化。马克思当时对此就有深刻感受。他在《政治经济学批判·导言》中有一连串的反问："成为希腊人的幻想的基础、从而成为希腊〔神话〕的基础的那种对自然的观点和对社会的观点，能够同走锭精纺机、铁道、机车和电报并存吗？在罗伯茨公司面前，武尔坎又在哪里？在避雷针面前，丘比特又在哪里？在动产信用公司面前，海尔梅斯又在哪里？……在印刷所广场旁边，法玛还成什么？……阿基里斯能够同火药和铅弹并存吗？或者，《伊利亚特》能够同活字盘甚至印刷机并存吗？"最后一个反问不需要回答："随着印刷机的出现，歌谣、传说和诗神缪斯岂不是必然要绝迹，因而史诗的必要条件岂不是要消失吗？"[①]今天有谁还能创造出新的神话呢？

　　这就是说，艺术有时代特征。那些代代相传的文化遗产、艺术作品是与其整个生活环境、生产方式、社会关系相匹配的。如果这些环境、方式、关系都变了，那么这些情感表达、趣味方式、符号系统也就会随之发生变化。

　　道理如此简单。但真变起来也要花很大的力气呢！如果说这种变化尤其是人们心理上的变化在世界其他地区已经先期发生过，比如在T. H. 劳伦斯等人的作品中出现过（如《儿子和情人》《查特莱夫人的情人》中的矿山景色及作者用作象征意味的大胆色情描写）。那么中国百多年

---

① 马克思：《马恩选集》第二卷，人民出版社，1975，第113-114页。其中罗伯茨公司是一家机器制造公司，武尔坎是神话中的锻造之神、铁匠，丘比特是罗马神话中的主神，海尔梅斯是神的信使，印刷所广场是《泰晤士报》总社所在地，法玛则是传闻女神，阿基里斯是神话中的英雄，刀枪不入，只是脚踵有缺陷。

的现代化努力、改革开放30年的奋斗好不容易取得了世人瞩目的成就，好不容易让东南沿海一些省份先富起来了，但也因此把很多民间艺术、民间技艺变成了残留不多的遗产，甚至把许多宝贵的非物质文化遗产弄得荡然无存！

现代化可以简单地分解为产业化、城市化、商业化和民主化、个人主义观念等基本指标。产业化是一种建立在能源技术基础上的大生产方式。它的扩张将前现代农业文明的空间极大地压缩了。大规模矿山建设直接覆盖了以前的乡村与田野。现代化的交通设施、输变电输油管工程粗暴地切割/贯通了原来相对完整、封闭的乡土社会，改变了它们的环境与景观。现代化的农业栽培、籽种、排灌、病虫害防治技术彻底更新了农人的自然观，也消解了各种"巫术性"仪式（如祈雨）的存在价值。与工业化相关联的城市化进程导致城市数量的增加、城市规模的扩大及城市人口的激增。交通工具的更新强化了城乡间的联系。城市的生活方式与商业的趣味标准严重边缘化了乡村的生活方式，人口流动、家庭规模的缩小（包括民居样式的改变）改变了传统的村社伦理关系与观念。个人价值和市场伦理的通行使共同体成员的内部伦理认同发生频繁转换的困难。

中国近30年的发展，GDP持续走高，但经济与社会文化政治环境的发展不平衡等，也使其负面影响成倍增长。中国的经济起飞正好与整个世界的信息化进程相同步。媒体的发展、广播电视村村通工程、送戏送电影下乡工程等更加速了乡村传统文化的消解过程。普通话的推广曾经是一个极为困难的任务，但今天方言保护的工作变得更为紧迫。遗憾的是，我们的广电管理部门竟然还发文禁止以方言译制国外影视作品。其实这些媒体已经将越来越多的现代文明灌输给了乡村社会，而现代教育制度及其课程内容设置等都已从根本上改变了晚近一两代人的思维模式。网络、旅游等现代休闲娱乐方式深深地渗透到乡间，所有这些已经使民间音乐存在、演出的场所、制度及观念环境丧失殆尽。如果这种进程和速度不发生改变，我国现存民间艺术在二三十年内基本消失是不可避免的事。黑格尔曾发挥宏大的历史想象，感慨今人反观古昔，只见"一切最丰富的形式、最优美的生命终必在历史中消逝"，而我们只能是"在卓越超群者的废墟间流连徘徊"。

这就是说，由于人类是处于不断发展的进程中的，而在这一进程中留下的所有符号性表达、艺术作品都是静止的、不变的，必然会离我们越来越远。而非物质文化遗产恰好还不是完全静止不变的，并因而不是完全意义上的遗产。因此我们的保护不能是让其停止不变的隔离措施，而只能是希望他们的变化发展充满希望，同时更加从容。让这些非物质遗产的持有人的发展不是从过去的出逃，而是清醒的抉择。当改变更多是由改变者内在动机驱动时，传统中的价值将最大限度地被携带进新的生活。这是我们在开展非物质文化遗产保护、开展农村群众艺术活动时应建立的一个基本认识。

（二）后现代社会（后工业社会、消费社会）对文化及文化多样性的渴求为民间音乐的发展提供了一个有益机遇

现代化是一个无限扩张的动机，全球化只是它的一个必然结果。在这个意义上，现代化没有给前现代留下可保留的空间。那么既然小型社会逐个被瓦解了，农业文明逐渐消失了，前现代社会的种种价值伦理及其功能性仪式失去了存在的必要性，民间音乐表演也就被去除了所有制度性基础。因而它的衰亡只是时间的问题。这里不可逆转的根据是，几乎所有来自前现代社会的居民都无法拒绝现代社会的生活方式（经济与政治权利、舒适与方便、真正意义上的发展）。

当然，我们对现代化进程的赞成并不是没有保留，也并不等于对民间音乐失落不留遗憾。因此，当后现代动机出现的时候，我们可以看到民间音乐获得了一个可稍从容转变的机遇。

所谓后现代，既是现代化动机的正向延伸，又是对现代化动机的反省与充实。粗糙的现代化初期的产品（包括制度）和景观都在被后现代

的精致所更替（在鲍德里亚看来，生产的逻辑被消费的逻辑所取代）；大功率的生产机械制造被方便、美观的终端消费品制造所取代（卓别林的《摩登时代》是现代化初期的写照，而现在是第二次现代化）。发展的口号被可持续发展或科学发展所取代。总之，社会的富裕和居民收入普遍提高带来了旅游的动机和休闲的需求；知识经济的出现带来了巨大的文化需求。知识经济是高科技和高文化的联姻（high tech, high touch）；媒体的迅速过剩突显内容的稀缺，尤其是具有高质量唯一性的文化内容的稀缺。后现代的动机（文化产业）在世界各地寻找文化资源，旅游业的持续发展印证了这一点。

后现代也是对现代化（或现代性）的反思，包括对启蒙理性的反思，要纠正现代性的单向度和偏执，要克服商业文明的过度投机。因而后现代主张与前现代进行对话（后现代主义建筑家有"双重编码"理论）。后现代要求现代性对前现代实行"费尔泼赖"（fair play）。后现代不是对前现代的重新认同，而是要在现代与前现代的裂隙间释放更多的差异。这就是文化多样性的主张。

中国社会的现代化过程、工业化进程并没有完成，但后现代的动机已经出现。由于全球化的影响和中国人的积极回应，中国社会已经进入了现代化和后现代两步并作一步走的发展阶段。党的十七大报告提出要文化大发展大繁荣。而今天我们知道，文化的发展繁荣并非仅仅是文化人的事，重要的是适合文化发展有益于文化发展的制度环境要通过创新建立起来。因此要进行文化体制改革，要发展文化产业，同时也要全新提供公共文化服务，这样文化的发展繁荣也会服务于和谐社会的构建。在这个背景下，我们要考虑如何运用、调动公共财政、公共政策、公共服务对非物质文化遗产进行保护。

后现代的上述趋势表明，可持续的发展只能是一种有文化内涵的发展，科学发展观最终将是一种文化发展观。无论全球还是中国的这些发展趋势给前现代的民间音乐提供了一个从容转型的机遇。重要的是，我们能否很好地把握住这个历史机遇？！与此同时我们也要看到，在民间音乐衰落过程中，这个艺术品种的艺术性一面也不断表现出顽强的生命力和发展的动机。我们的公共服务必须是建立在这个基础之上的。

三、民间音乐遗产的生命力

作为艺术，民间音乐具有自身的顽强生命力。现代化过程中一些虚假的意识形态并不能真正把它们彻底埋葬。艺术的生命力并不简单通过其自身内容表现出来，它也在很大程度上靠其表演制度来体现。我们所谓表演制度包括三个层面：一是民俗祭礼（外部）的层面；二是乐人组织（内部）的层面；三是经济交换（中介、经纪人）的层面。"文革"结束之后，那些所谓"新编"的民间音乐作品大量消失，旧的民间音乐作品和演出形式重新流传。当然在民间音乐能够继续流传的地区，我们也会看到它自身体制上的若干变化。民间音乐在这些制度基础上的流传才更加稳定。让我们看三个个案，它们体现了三种不同的振兴模式。

（一）定襄八音会

"八音会"是一种民间吹打乐，通常由管子、唢呐、笛子、笙、鼓、大小镲等乐器为主，一个班子有十来人就可组团演出。据民间流传，八音会是在明朝万历年间从宫廷传入定襄的。今天八音会吹打乐《大得胜》亦称《得胜鼓还朝》，据传就是当年的宫廷音乐。八音会主要流传在山西忻州市的忻府区、定襄、原平、五台等地，近年也向周边的河曲、保德、岢岚等县扩展。据《定襄县志》记载，"定襄男……完婚可仿古制，至若鼓吹拜迎，肆筵设席，非复古礼，不贺不举乐之意"。可见定襄鼓吹乐在清雍正年间已在当地盛行。到民国时期，凡有秧歌、社火、庙会、祭祀等活动，均有八音会伴奏助兴。新中国建立之初，有关部门开大会、送往迎来也动用八音会，但"文革"期间全部禁止。改革开放后它重新恢复活动。

近年来，八音会主要是在传统节日和婚丧嫁娶等民俗礼仪上表演。定襄八音会的演出场合主要有两种：一是年节庙会；二是老百姓家里有婚丧嫁娶。冬天的演出尤其多。冬天农事清闲，而新年春节秧歌社火都在冬季；老百姓办喜事也喜欢凑在年节期间；加上冬季寒冷，丧事也是这时多，于是八音会乐班最忙碌的日子在冬季。年节的庙会上，八音会的观众能有万人以上；越是经济欠发达、交通闭塞一些的村子八音会的观众越多。至于老百姓的婚丧嫁娶，是一定要用八音会的，谁也不能替代。当地老百姓把这叫作"雇响器"。

碰到婚丧嫁娶，哪家不请八音会，会被认为很没面子。八音会演奏曲目也按程序，什么时候用什么曲子，都有明确的套路，不能乱来。送葬时吹奏的有八音会传统曲目《哭皇天》、管子吹奏北路梆子选段、电子琴演奏的哀乐，听上去很悲伤。婚礼上要用的是《大得胜》，或者戏曲段子《三对面》。参加婚礼的宾客也可以点名吹奏一些高难度的唢呐曲，点唱一些有难度的歌曲和戏曲。有时本村一些"演艺高人"也会被推进来露一手，还有毛遂自荐要与乐队合作唱几曲的。而一些经济条件好的村镇，会有人拿出钱来点歌，这时一些年轻漂亮的女歌手会是最大的受益者。

当然，乐手们伺候人也很辛苦。在事主家吃饭时八音会人员会被单独安排一桌，通常是在院子的西南角，这在当地许多人家是靠厕所的方位，冬天时天尤其冷。艺人们有句话叫："烤前心，凉脊背，挣的好人钱，受的赖人罪。"但八音会拿到钱了。

值得注意的是，这些年各国有地方戏曲剧团都遇到困难，而农民组织的八音会乐班却相当活跃。定襄位于太原和佛教圣地五台山的中途，是到五台山朝圣的通道之一。从新中国成立初到1997年以前，八音会班社基本保持有30余个，从业人员300人左右（"文化大革命"时期除外）；1997年以后，全县班社迅速发展，据了解，"定襄县现在的八音班子，知名的有30—40家，小班子更多有50—60家，总数在100

以上……人数怎么也在 1000 以上。""大班子每年演出 100 场以上，小班子 40—50 场，照此推算，每年总演出场数有 8000—10000 场。""每年观众累计在 50—60 万人，（八音会班社）总收入约 500 万元，（艺人）人平均约 5000 元，近几年变化不大。"

据了解，不同八音会班社演出的费用有很大差别。一个普通的班社通常有 10 个人，平时演出每场收入 500—700 元，"紧日子"（每年国庆到第二年正月）每场都在 1000 元略多，每年演出 100—150 场。这样一年总收入约 8 万元，人均 8000 元左右。而一个更有名气的班社可以有 12 个人，每年演出 180—230 场。每场收费在 2000 元以上，多时可达到 5000—6000 元。这样一年的总收入可达到 40 万元，平均每人收入 3 万多元。在定襄，农村居民人均纯收入约有 3600 元，相比之下八音会在当地是一个有好多人羡慕的、旱涝保收的行当。在农村人看来他们的收入水平已经和城镇职工没什么差别。传统上，民间艺人的社会地位并不高（名声似乎不好，被称为"王八"等），但从八音会乐手的婚姻状况看，他们如果不是特别受青睐，也起码是没有受到歧视。

由于收入条件不错，八音会的传承人并不算少。不少老百姓还愿意让自己学习不太好的孩子去学习吹打乐。学习八音投资小，即使学不成也没太大损失；而学习时间短，两年就可以出去演出，很快有相对较为理想的现金收入。前几年河边高级职业中学办了几届八音班，培养了二百多名学生。该校同时设置美术、机电、种植、养殖等专业，可就数八音班人数最多。如果是这样，八音会这种非物质文化遗产的前途一时半会儿似乎不令人担心。

稍稍分析可以知道。八音会的流传关键是有固定的民俗需求。虽然现在的广播电视十分普及，但民间用乐的习惯并不能靠广播电视解决。从村民的意识上说，即使是在外面当过几年兵、见过些世面的人，回到村里还是希望"雇响器"的。他们认为这样做会给生活带来更多好兆头。这是农村群众文艺活动最坚实的根基。近年，农村地区还出现了一些新的民俗，如新一届村委会上台要"用乐"；而一些小的"用乐"主体也出现了。村里举办八音会演出，全村都参与，但费用可能是某个家庭出的。其次，在当前的社会条件下，八音会的收费演出能被村民接受，有良好的价格形成机制。与城里的剧团不同，八音会乐班人数少，没有冗员，所以在市场中具有价格竞争优势。另外八音会成员并不完全脱产，因此还有其他收入。他们的演出有时很像"票友"，带有一定的娱乐性。

（二）临县伞头阳歌

临县伞头阳歌是从传统伞头秧歌创新中诞生的一种二人或多人的对唱艺术。伞头秧歌流行于晋西以临县为中心的方山、离石、柳林、石楼等县的部分地区和陕北的绥德、佳县一带。伞头秧歌在临县有很久远的传统，在当地俗称"大会子"，又叫"杂会子"，由伞头的"歌"和秧歌队的"舞"组成。伞头是秧歌队的统领。其职责是指挥全局、统派节目、带领秧歌队"排街""掏场子"，还要代表秧歌队即兴编唱答谢致意。如果遇到其他的秧歌队，两个伞头狭路相逢，便会互相叫唱比斗。当地人称这为伞头"相鸪"，即形容它像两只禽鸟相斗互不相让，用嘴互相啄。

伞头在表演时左手执伞，右手握响环。伞是普通的花伞，周围缀有尺许宽的红绫。响环俗称"虎衬"，是用响铜铸成的环状圆筒，形似手镯，内装一小球，摇动时发出银铃般的响声，摇动起来作为歌舞的号令。伞头的作用直接影响到秧歌队的声誉。说起一班秧歌队，人们首先会问"伞头是谁"。一首秧歌唱到："火烧赤壁欠东风，长坂坡上没赵云，如若伞头没水平，秧歌虽好闹不红。"

和定襄八音会一样，伞头秧歌一般用于年节社火和民间红白喜事或寿诞庆典，也用于各类机构的联谊活动和一般的娱乐活动，但改革开放之后，一种创新的表演形式从中脱颖而出。1980年春节，临县文化系统拉起了一支由14个伞头组成的只唱不扭的秧歌队伍。据统计，有一天伞头们竟然"干"唱了771首秧歌。这一来，"伞头秧歌"从农村街巷走上了舞台，因为只唱不扭被称为"阳歌"。于是"对唱阳歌"就此诞生；"相鸽"不再是偶然路遇的激情碰撞，而成为"蓄谋已久"的对台戏。当地群众对这种娱乐性极强的民间音乐活动十分喜好，更使这种民间演艺活动走上了市场化的道路。

2000年以来，这种历来就有当地党委政府主要负责人参与、支持的伞头阳歌在临县一带发展很快，几乎所有的集体活动都有伞头秧歌演唱，并慢慢演变出较为固定的商业演出模式。巨大的演出市场培育了一支伞头队伍。而其中所谓名伞头，则属于那些每每在演出现场作"超水平发挥"的伞头。伞头秧歌没有多少固定曲目，演出时台下的观众或同台演出的其他伞头出题目，场上的演员以歌唱的方式即兴作答。名伞头杜云峰曾用一首秧歌来表述这一特征："伞头秧歌土里土气群众喜爱，针对现实随编随唱现炒现卖，几十秒钟编唱一首来得很快，送来纸条看上一眼就能答对。"另一首秧歌唱到："唱秧歌必须要内容集中，每四句为一首多用比兴，头句起二句承三句引申，第四句作总结画龙点睛。"这些用独特方言演唱的现场答对不仅曲调流畅，而且歌词幽默诙谐。一首秧歌有时就是一"段"相声，四句词就要"抖"个"包袱"（当地叫"开花"）。伞头每唱完一段，台下总是笑声一片。一次有观众向台上的伞头提了一个刁钻的问题，让他唱唱和小姨子的关系，全场顿时充满了期待。伞头稍加思索随即唱道："我小姨子如今没老汉，由我抱住亲来由我看，黑夜里我领上她出去串，白天还得送她到幼儿园。"原来"小姨子"还是个未成年的小女孩。观众听第一句就开始笑，希望看伞头怎么"上套"，但到第四句看到他如此轻松"解套"，更是哄堂大笑。伞头们遇到的问题无法预测，编歌词作答的时间只有几十秒，还往往伴有紧锣密鼓的催促。近几年，伞头秧歌的演唱形式甚至变成了几位伞头一人一句的联唱、接唱，可思考的时间更加短暂。但机敏的伞头们就是在这种高度紧张当中，靠智慧博得了声誉，而过不了关的伞头会在观众的哄笑中离开舞台。这样的演出形式使得伞头阳歌这种经过创新的民间音乐遗产的流行地域扩大，不断地向周边县市传播。

最初的演出往往是政府或相关企事业单位组织的。每年春节县城的红卫广场总会有一场大型演出。后来出现了一些村民自发组织的演出。一些民工外出打工挣了钱回家过年，希望在节庆期间搞一场活动，感谢村里对自己家人的照顾。于是只要打电话找到一个伞头，这位伞头就会联络上其他两三位伞头开台演唱。不断的演出给伞头带来繁忙的演出季和不菲的收入。2006年正月到二月，当地两位名伞头一位演出了53场；另一位演出了88场；有时一天要演出2—3场。农闲的季节成了名伞头们的演出旺季和收获的旺季。据了解，伞头演唱的收入近年来水涨船高。一位有名的女伞头，80年代中期前，她的年演出场次在50左右，每场演出收入只有二三十元。到2000年，其年演出场次和场演唱收入标准双双上百。而后的三年，演出场次稳步上升，演出收入紧随其后。到2004年，其年演出场次和收入标准同时跃上300大关。2005年演出收入标准跃上400，超过了年演出场次的纪录。这样她的年收入就可达到12万以上。其实平均看，一个有点名气的伞头年收入在5—15万元之间。有伞头自己说，在临县"除了煤老板就数伞头的收入最高"。所以在这种情况下，伞头是可以成为职业的。近年来，伞头们的居住地向县城集中，并开始作户外广告，公布自己的电话，希望市场能做得更大。

伞头阳歌的流行还使相关行业连带发展，一些音像店出售演出光碟。好一点的音像店一年可以销售VCD光盘5万张左右，这样规模的店面大概有七八家。产品畅销于临县、方山、离石、柳林、中阳等县。可见市场需求之大。

考察中发现，进入名伞头行列中年龄最小的伞头年仅18岁；而行业中的中流砥柱大多30多岁，可见"伞头秧歌"后继有人。

我们的简单结论是：①伞头阳歌也具有广泛的群众基础、坚实的民俗基础，近年来一些新的民俗正在形成；②经过形式创新，演出形式变得简单，趣味性却更浓。③由于艺术表演向少数角色集中，分配简便，个人收入高，形成了基本的商业模式。因此，这样的非物质遗产、民间音乐的传承应该是没有问题了。但是……

2006年春节期间，伞头秧歌还是被"亮出了红牌"。这一年春节临县的社火一如往年。正月十五，人们照例赶往红卫广场观看秧歌晚会，乡下的人们甚至开着三轮车、骑着摩托车在天黑时来到县城。据看车人讲，那天晚上至少有20万人来县城打算观看晚会。但当人们来到广场时，却只看到地上的积雪和空旷黑暗的舞台……现场一位中年男子失望地说："正月十五没有秧歌晚会，这哪叫临县啊？"

原因何在呢？伞头们说："人家政府不组织，我们自己又没法组织，只能算了。"文化局的干部解释说："近年来，伞头的日常演出频繁，收入节节升高，文化局打算对他们进行管理，收取一定的管理费，但是，伞头们毫不理会。所以，政府不准备再支持他们。举办比赛、晚会、秧歌队表演支出都非常大，而且可以说伞头们都是通过这些活动成长起来的，政府扶持了他们，他们却不愿回报政府，所以我们今年就没有举办正月十五的秧歌晚会。再说，上面有文件，出于安全等方面的考虑，不让政府牵头组织集体活动。"看来问题最终还是出在经济上。一种乡间流传的艺术形式在登堂入室的同时，也要进入更大的制度环境。这是一个新问题！

（三）绛州鼓乐

绛州鼓乐是流传于晋南新绛等地的一种民间锣鼓打击艺术。先秦史书上曾有"秦筝晋鼓"的记载；唐初时绛州地区经济繁荣，铸币业发达，文化随之兴盛（有民歌《走绛州》为证）。传说李世民的部队曾在此演奏鼓乐《秦王破阵乐》。唐代"擂鼓台"遗址① 至今尚存。这里刺绣、面塑、剪纸、皮影等民间艺术也丰富多彩。但我们这里要介绍的是成立于1988年的绛州鼓乐团，他们将这种鼓乐从乡间农舍中带出来，筚路

---

① 迄今在李世民屯兵的秦王堡尚有"擂鼓台"的遗迹可寻。秦王堡在新绛县城的西南20里处，亦称唐堡，现名堡理。

蓝缕，走进大城市，登上艺术殿堂，推向了国际舞台；从而使农村群艺活动、民间非物质音乐遗产传承保护产生了一个新的发展方向。通常说的"小传统"现在要主动与"大传统"互动了。

经过长期的流传，绛州鼓乐创造了丰富的艺术表演形式，可以说，新绛县各乡各村都有自己的"点子"（当地人称鼓点为点子），以及多姿多彩的演奏技法，至今其流传曲牌还有三百多首。广泛分布于新绛各地的绛州鼓乐演奏形式主要有三种：①花敲鼓。花敲鼓所用乐器仅有鼓和板，俗称干鼓；乐器共28件，其中扁鼓24面，代表一年24个节令，夹板4副，分别象征牛、虎、狮子、麒麟四兽，取牛之忠、虎之猛、狮子之威、麒麟之祥；意求事事如意，年年丰收。花敲鼓的演奏运用磕、擦、搓、挑、撩、敲、碰等技法，变化多端，繁简有序，颇具特色。②穿箱锣鼓。穿箱锣鼓因表演者身着传统戏装而得名；传统乐队为16人，小鼓2人、唐锣2人、大鼓2人、大钹2人、大锣8人。③车鼓。车鼓是鼓载于车上击奏的表演形式，有马拉、牛拉、人拉等多种方式；所用的鼓是专制的特号大鼓，直径1.5米，腔长1米，车子跑动时击鼓是"声震百里，动荡山谷，威风至极"，真可谓威风凛凛、战车隆隆。可知绛州鼓乐积淀深厚，艺术价值非常之高。

事实上晋南许多地区都有鼓乐在民间流行，但不少地区的鼓乐流传状况不似新绛县红火。如盂县的"文迓鼓"及其相类似的节目《牛斗虎》等都已经绝迹几十年。另如运城地区的河东锣鼓虽然还广为流传，然其名气却不如绛州鼓乐那么大。之所以有这种古今的差异是因为今天的新绛经济状况大不如昔。20世纪90年代，人口29万的新绛县人均GDP只有250美元左右，农村家庭年纯收入只有100美元上下。这种连"文革"中都没有禁绝的民间艺术在改革开放中却"一路走低"，正所谓"衣食不足，礼仪难兴"吧。而今天这些传统鼓乐的地区间差异，有的衰败、有的兴盛，却是和一些人为的努力相关的。

绛州鼓乐的当代振兴与团长王秦安个人有很大的关系。20世纪80

年代，身为新绛县文化馆馆长的王秦安在下乡搜集民间美术作品的过程中，意外了解到极具价值却又处于衰亡中的锣鼓艺术。他决心使这一民间艺术发扬光大。此后王秦安对绛州鼓乐资源进行了广泛的搜集、整理。1987年6月，山西省政府在太原举办首届"两会一节"（经济洽谈会、贸易促进会和民间艺术节），用当时的说法是"文化搭台，经济唱戏"，文化在这里是"跑龙套"的。"两会一节"要求各县选有地方特色的节目赴太原表演，王秦安抓住这一时机，召集了全县各乡村20多位民间鼓手，组成"新绛县农民锣鼓队"亮相省城。演出荣膺艺术节金奖，获得巨大成功。继而他们应邀参加1988年1月在北京举行的"龙年龙乐音乐周"，精彩的表演在北京再次引起轰动。1月31日音乐周挑选出来的优秀节目在人民大会堂进行闭幕式演出，他们成了其间唯一一个民间演出团体，著名音乐家李焕之先生说，"它那宏大壮观、气吞山河的气势，实在令人赞美不已……"这以后，"新绛县农民鼓锣队"摇身变成了民办非企业单位"山西绛州鼓乐艺术团"，注册资金16万，王秦安出任团长。艺术团自此踏上了弘扬绛州鼓乐艺术传统的漫漫征程。

事后王秦安回顾说："我的幸运在于我每次都抓住了机遇。"这里"抓住机遇"不是指"两会一节"及后来"龙年龙乐音乐周"的召唤，而是指鼓乐队进行的节目创作。当时演奏的曲目是根据新绛民间鼓乐谱整理、经鼓乐团集体研讨、由山西省歌舞剧院王宝灿等执笔的《秦王点兵》和王宝灿、郝世勋执笔的《滚核桃》。其后每有一次重要演出安排，艺术团就要创作积累一两个新节目，久而久之一台完整的晚会节目集成了。

到2000年时，成立十几年的绛州鼓乐艺术团已经靠再创作排演的节目夺得了多项省级和全国的大奖，还数次到海外演出，如1995年在回归前的香港演出引起轰动，14个节目之间掌声达34次，全场沸腾。但这些享誉世界的民间艺术家回到自己的故土时，境遇竟是非常的困苦。那时在经济欠发达的中国中西部地区，一些地方在公共财政紧张的情况下总是倾向于首先放弃公共文化服务责任，这些地方文化馆、图书馆、国有剧团连人员工资都无法足额发放。这样一个民营艺术团一年大约需要30万元的经费，支付场地租金、水电费、工资、制鼓开销等。但就这么点儿经费他们仍然不容易凑足，团长王秦安曾背着家人把自己的工资以及家里积蓄全部拿出来办团，甚至借过"高利贷"。而全团20多团员挤在一所农村中学里，自带干粮，以地为床。这种稍稍要使自己精致化的艺术与当地的经济发展水平、制度条件相背离，显然是无法持续发展的。

好在乐团的领导班子是有文化、有胆识的，他们也认识到中国大地正在发生深刻的变革，市场经济已经作为一种基本社会制度被建立起来，社会流动不再是被抑制甚至禁止的。因此经过对长江下游七八个城市的市场条件进行考察，他们毅然将目标锁定上海，率领全团赴沪上发展。

鼓乐团初到上海的日子充满艰辛。由于没有知名度，又赶上演出淡季，乐团曾连每人每天五元在上海这个大都市里的生活费都保证不了。团长王秦安曾紧紧捏住最后一笔钱不撒手，那是万不得已带全体团员"败退"山西的火车票款。

终于，有一个台湾房地产开发商请他们参加开业演出，这次演出非常成功，使绛州鼓乐团在上海名声大震。凭着浓郁的地方特色和团员们精湛的表演，鼓乐团在上海这个国际性大都市站住了脚。目前，鼓乐团发展态势良好，演出订单很多。现在他们每年的演出场次都在150场以上，仅演出收入一项就超过100万元。他们已经有了自己的练功房，有了自己的汽车，团员生活比以前有了很大的改善。他们灵活地根据演出需求类型的不同，调整节目单和表演阵容。除了演出之外，他们在影片《花好月圆》《满汉全席》和李连杰主演的《霍元甲》中担任过锣鼓表演；他们还和一些艺术院校联合办学，传授绛州鼓乐。应该说，在市场经济比较成熟、文化需求比较充分的上海，他们对民间音乐的追求终于找到了一种大致可匹配的制度环境。

难能可贵的是，团长王秦安和全团演职人员对绛州鼓乐艺术的弘扬、传播有一种类似宗教的情感。在取得了发展的基本条件之后，他们仍然继续打造艺术精品，创造更美好的节目，拿更多更大的奖项。他们知道，必须让民间艺术从粗糙的外表、简单的招式中迅速提升出来。这样才可以规避低水平的恶性竞争，同时取得清晰、有效的知识产权保护，这才能让他们永远立于不败之地。

以他们的成名作《秦王点兵》和《滚核桃》为例。《秦王点兵》取材于绛州民间传统车鼓曲牌《小秦王乱点兵》，经过专业音乐家的艺术加工，乐曲中不仅有传统的鼓点，而且运用了专业创作的发展手法，还借鉴西洋曲式中常见的综合再现的结构原则；《滚核桃》取材于绛州民间鼓乐曲牌《厦坡里滚核桃》，运用新绛特有的"花敲鼓"的演奏方法，但在配器方面也经过大量的加工：传统的花敲鼓阵容通常为24面鼓、2副夹板、2副梆子，速度、力度的变化却很小，比较平直呆板。改编后的乐曲不仅使绛州鼓乐所特有"花敲干打"技法如击鼓心、敲鼓边、顶鼓帮、磨鼓钉、搓鼓槌、碰鼓槌、磕鼓环、蹭鼓皮、滚鼓槌、打鼓架等表现得淋漓尽致，而且在节奏力度上让慢板、中板、急板、散板频繁变化，突强、突弱、渐强、渐弱变化目不暇接，乐曲表现力得到极大的提高。而改编后的《滚核桃》演员减少到9人（8面鼓、1副夹板），为村头街道表演走上剧场舞台创造了条件。

王秦安团长是个文化人，对艺术的发展有很好的理解。地方性的民间音乐往往是群众性的，参与演出的人多但技巧性不可能普遍很高；现在按商业方式登上舞台演出人数不能太多，但表演技巧必须大幅度提高，表演者必须受到足够的艺术技巧培训，甚至需要有一定的艺术天分。这样的艺术才具有高质量的唯一性，才是无人可以取代的。现在的节目《牛斗虎》仅用两只大鼓由两位年轻演员表演，但他们娴熟的击鼓技巧和默契的配合，加上灯光与音响设备的烘托，令人完全可以感受到场面的宏大与壮烈、打斗的胶着与紧张。在"牛"与"虎"一进一退的攻防转换中，在民间时的那种情节性、故事性演进逐渐地被艺术的抒情性、形式感展现所替代。又如打击乐尤其是鼓乐，表演乐器有限使得其旋律性不足，要扩大鼓乐的表现力就必须在乐器上下功夫，要让传统的中国民间鼓乐也带上调性，带上更多旋律感。因此现在绛州鼓乐团的表演乐器中不仅有各种传统的鼓，也出现了类似西方定音鼓、架子鼓性质的中国排鼓；在大型作品当中甚至可以适当加入辅助性的吹管乐器。可以肯定地说，在他们的表演中，传统曲牌、套路自由联缀的音乐单元已经变成了固定结构的多段体独立作品。通过艺术创新，绛州鼓乐进城，民间音乐艺术的精髓再次最大限度地向大传统转化，作为多元文化中的一种因子融入了后现代景观，也开创了民间音乐异地振兴的新模式。同时这样的艺术才是应该设定更高的票价的。

绛州鼓乐作为非物质音乐文化遗产的独特传承方式（"异地振兴"）是值得讨论的。首先，这里涉及的民俗制度有两个。经过开掘、精雕细刻的传统民间艺术脱离开原有的农业社会制度环境，跨入现代化甚至后现代社会的商业制度环境，把传统精美的价值形态主动地带入一个现代化了的大都市。这很像将"柴鸡蛋"、"本鸡"、美国人说的"有机食品"（organic）送到了城里。现代化的都市食品本身并不缺乏，但食品的养分十分贫瘠。精神食品也是一样。

传统的艺术或尚存的非物质文化遗产其实也有适应时代和制度变化的能力与智慧。不要一说非物质文化遗产保护就想建保护区，就阻断人家发展的选择。有时这种制度转换可能渐进式地发生。如现在山西、河南等地一些丧葬锣鼓队就同时服务于两种不同的民俗与制度：为本村人免费或极低费用服务；为其他村村民收费服务。尽管这时鼓乐仍然有强烈的仪式属性，但乡间同样存在着制度上的二元结构。这是社会转型过程中的自然现象。还有现在山西的很多民间乐班在使用演员、乐器、设备、曲目方面有很多改变（如襄垣鼓书由盲人坐场"干说"变成明眼女青年走场表演，使用电子琴和进口音响等）。不能认为这些变化一出现就不是原汁原味了。艺术传承的关键是看能不能将传统的价值带入新的时代，艺术形式总是要不断变化、推陈出新的。

其次，进城、上台、在线的艺术也必须不断地升华，向精致化、高雅化的方向转变。现在许多民间艺术在历史上曾是宫廷艺术、精致艺术，后来衰落了流落民间；也有不少民间艺术在历史上就被选入宫廷，成为精致艺术，如徽班进京，传统上流传于安徽湖北的徽汉二调最终成为赫赫有名的京剧。

再次，艺术的民俗制度改变、表现形式的提升势必也会带来艺术家组织形式和内部分配制度的变化。原先通常由高水平艺术家统领的乐班会慢慢地变成由专门的经营者统领：伞头阳歌更多具有传统的特点，而绛州鼓乐团的体制是后者。其实定襄八音会的班主通常也要自备车辆、音响器材等，这些设备资产通常也要参与分配。这时一些高水平的演员虽然越来越重要，甚至可以拿到比经营人更多的单场收入，但在演出安排上也更多依赖于经营人、经纪人。而高水平的经营人、经纪人虽不见得更擅长表演，但也要精通艺术的真谛和创作原理。将来，演职人员的跳槽、转会都会发生。

简单地说，我们在绛州鼓乐团的案例里可以看到民间音乐遗产传承、保护及农村群众文艺活动开展中更复杂一些的模式。绛州鼓乐团现在也面临新的问题，如一些年轻演员对目前的收入水平仍然不满足，他可能干脆就离开乐团到其他企业打工；而乐团也需要更多新的节目，这时创作也需要更多原始的素材。因此，上海的摊子是否还要与留在山西的摊子有所互动；将来一个做大了的摊子将由什么样的人才接班，所有这些问题都是乐团现在领导班子在考虑中的事情。

四、怎样使用公共财政保护民间音乐遗产？

显然，不同品种的非物质民间音乐遗产的存在状况有很大的差异。有的已经失传，我们仅可通过某些文献知道它们曾经存在，知道它们的某些存在样式；有的其传人还在，但年事已高，已无法充分表演，只能看到、听到某种片段的、叙述式的表演；而另外有一些则还有不同程度的流传，即在特定的民俗节庆上表演，并有年轻的一代在学习继承。也有一些以变化较快较多的方式存在，已与当代的一些"新民俗"结合在一起。然而当前人们有一种明确的共识，那就是要尽可能保护、挖掘这些稀有的文化资源，让它们为今天的发展服务。于是人们就有了一种搜寻的眼光和冲动。而除了民间的种种努力，政府的作用也变得更重要。恰好近年来随着我们经济的持续增长，政府的财政收入大幅度增长，政府的公共服务意识也在增强。于是我们看到，国家在保护方面已经开始投入。但资金使用的方式比较粗放，在是否应该投入和应该怎样投入方面有很多问题值得深入思考。我们结合上述事例做一些稍深入的讨论。

我们要简单讨论两个问题。一是，为什么需要政府进行投入？二是，怎样针对非物质遗产的不同状况进行有针对性地投入？

在非物质文化遗产保护上政府投入的依据是两个。一是近些年国际上非物质文化遗产保护是一个潮流。进入后工业社会（丰裕社会、消费社会）的发达国家和跨国界的市场上出现了巨大的文化消费需求。传统的艺术生产变身成为以大规模复制技术为基础的文化产业。文化遗产已经成为重要且稀缺的资源。这里一是文化需求在扩大；二是市场供给在增加。但是市场经济有自身的缺点（"市场失灵"），因而政府需要通过公共服务予以弥补。例如私人部门通常对文化资源培育、整理进行投入没有积极性，民间的积极性也不够。类似矿业资源普查，企业只愿意找到个富矿下手就挖，哪儿资源丰富就先挖哪儿，结果不能统筹兼顾，矿藏受到破坏，资源浪费很严重。

文化市场也是一个贪吃的"饕餮"，对资源有巨大的吸纳能力。因此，嘴边的吃完找遥远的；当代的吃完找历史的；有形的吃完找无形（intangible）的。而且国际文化贸易会产生垄断的倾向。在满足市场需求的同时，利润纷纷流向少数几个发达国家。同时在激烈的市场竞争条件下，企业对资源有时是采取竭泽而渔的态度。因此，政府要出来监管市场，要调动公共资源弥补市场失灵造成的缺失；要培育文化资源，引导传统表现形式创新。

这时我们会发现事情很麻烦，市场也围着资源转，积极性比政府还高。但它利益驱动，挑肥拣瘦，不负责任。你政府在清理场地、搞普查和规划，他在一边看见便宜而你又没盯紧，于是钻空子就是一口。或者它也用利润引领传统艺术节目创新的趋向，迎合一些低级趣味等。这样传统的价值还是可能遗失。所以政府做事一要有前瞻性；二要立法先行。否则搞不过私人部门。

政府投入非物质文化遗产保护还不仅是为了先期普查、规范市场；在一定意义上说也是对现代化过程中那些短期行为承担一些补偿的责任。这是政府投入的第二个理由。前面我们说，"都是现代化惹的祸"，现代化把农村、农业和农民变成了问题。因此解铃还须系铃人。财政应拿出钱来反哺农村，包括农村的文化发展。事实上，市场部门之所以能以金钱为诱饵误导非遗保护利用方向，是因为农村太穷。政府的投入可以让农民对自身文化更自信，对变化更适应更从容。

第二个问题是，政府要花钱保护非物质文化遗产，那么钱应该怎么花？现在是除了普查和记录，还认定一批传承人，给他们一些钱把他们养起来。这相当于多了一批事业编制人员。这样做也许有效，但比较粗放，只针对了一些濒危品种。我觉得还要有长远的完整的思路。那么结合上面山西民间音乐遗产的传承状况，我们看看可以怎么办。

我们说，这些"活遗产"保护活动作为农村群众文艺活动的一部分要尊重其民俗制度基础。眼睛不仅要盯着艺术作品，而且要完整地看到艺术表演背后的制度基础。这里说的制度基础可以分三个方面。一是民俗，这是民间艺术存在的需求方面。二是艺人组织。这是民间艺术的供给方面。三是演出交易形成制度，这是艺术价格形成机制。显然，这样才可以对文化市场有较好的引导和规范。

我们所谓民俗，是指当地民众使用艺术的整个生活逻辑，包括他们完整的世界观和地方性知识、伦理规范和生产方式等。这些观念性的东西都会通过物质或非物质符号的形式固定下来，并成为制度化的实践形式。这就是通常说的生活方式。那么，为了保护非物质文化遗产尤其是像民间音乐之类的遗产就要使这些民俗活动能持续地进行，让它自然而然地发展流转。要促成这样的结果最主要的政府行为、公共服务应该就是促进民生，包括让农民实实在在地增收。这个工作是基础性的，但严格说主要不是靠专项资金解决的。可以向农村地区拨一些民俗活动经费（群艺活动经费、村文化站活动经费），但这不是主要的。同时在进行重大基本建设项目论证时，如建交通、矿山、运输基础设施时，要论证对地方民俗的影响，就像现在城市建设项目要经过地下文物保护论证一样。另外，使这种民俗性的演艺活动与正在兴起的旅游时尚相结合，让这种地方性文化广为传播，服务于各种新民俗，是一个应该积极考虑的方向。反之历史上对民俗过多的意识形态干预应该成为教训吸取。观念的问题只能通过对话加以影响和协商。

第二个制度层次是艺人组织，第三个层次是艺术交易和中介。这实际是艺术生产的内部管理和外部交易的两个方面。这个问题上应配合社会主义市场经济体制的建立，鼓励民间艺人、乐班结社演出，进行公平、有序竞争。同时能在演出市场不断拓展，艺人收入不断增加的情况下，引导艺人依法纳税，并享受各种公共服务。如果政府要予以支持，则主要是运用公共政策工具给予减免税，或结合地方节庆活动提供演出场所等，未必直接给予财政补贴。只有在特定品种极度濒危的情况下，财政补贴才是可选择的。只要艺术演出活动可以持续开展，非物质遗产就不会消失。艺术传承、接班人培养的制度也可以看作这其中的一个问题。

对民间音乐遗产进行保护的进一步措施应该是对节目创新的支持。对文化艺术原创世界各国政府都有一些政策予以支持，包括使用公共财政进行资助。但这时需要对资助对象有内行的考察。国际上通常会依靠专家系统实施操作。这样也避免了政府可能的偏见或歧视。现在的保护措施在普查、记录方面有较多投入，但对节目创新不够重视，甚至还有误解，认为创新就是破坏了原汁原味。其实，将传统知识中的美好价值及其多样化的表达形式由传统的一方自主地带入现代社会，培育因此而后现代化了的社会中文化多样性的丰饶，促成文化间性（interculturality）的生成，这应该是非常合理的事。我们经常讲尊重人们的发展权、选择权，当前这项工作正应体现这种尊重。即使不说对节目创新的扶持或投入，要比对挖掘、记录更重视的话，起码应做到同等重视。这也是现存乡土社会成员的一项文化权利的问题。

我们简单讨论了政府以公共服务保护各类非物质文化遗产的基本原理和基本方式。可以说，保护非物质文化遗产的工作说到底是一个以改革促发展，贯彻科学发展观的问题。政府财政投入应该依据这种思路进行更审慎的决策，以实现既体现社会公正，又便捷高效的公共服务准则。如果未来一些年，各地的经济民生有了较快的发展，而文化活动丰富多彩，群众表达活跃，各种非物质文化遗产良好存活，并不断有作品经过创新进入市场，取得明确的知识产权，那我们就可以说，这条发展道路是走对了！

浮现中的生活、艺术与市场[①]
——九棵树数字音乐产业集聚区调研纪实

我们最初获得的信息很简单：北京通州九棵树这个区域聚居着3000音乐人，有500个音乐工作室、50余个录音棚。但这里已经是对全国数字音乐产品市场有着重要影响和吸引力的产业集聚区。我们从这里开始进行调研，并试着进行初步的经济学分析。

这里有两个市场：音乐表演市场和原创数字音乐作品制作市场。两个市场相互连接，形成环环相扣的市场链。北音的存在对这个群落的发展起着引领的作用。"原创数字音乐作品制作"是一个较为含混的说法，指通俗音乐作品原创，同时是数字技术编码的介入。在这一点上它和电影有点儿像，而且它本身就是在为影视作品提供音乐及音响服务的，是其中的一个组成部分。在这个行业中，"编曲"是核心环节。

一、浮现着的生活

通州九棵树有一座民办的北京现代音乐学院（在当地被简称为"北音"），办学已有10年左右的历史。据说每年从这里毕业的学生中约有40%继续从事音乐专业工作，其中多数人选择在九棵树聚居（租房或购房）。这些20多岁年轻人的音乐人生就从这里起步。每年毕业1000人，那么10年间就会在这个区域留下约3000位音乐人。我们上面那个数字背后的推算公式可能就这么简单。

年轻的音乐人们是自我就业，属于"北漂"一类。很多音乐人一开

[①] 本文发表于《上海文化》，上海文化服务社，2013，与宋革新合作。

始也不是全职作音乐，还要兼作别样（例如开黑车、开饭馆或者卖保险）；也有很多人都是"入行不入业"，即从事音乐创作和制作、音乐产品开发但不是经营一个企业（不进行工商注册）；还有一些合伙人只是像朋友那样共同创业。在"创业"期间，家庭（父辈）的经济支持也许是不可缺少的。所幸这些音乐人的家庭条件通常还可以，所以最终支持子女从事这种风险比较高的职业（"波西米亚"）。要搞音乐，毕竟在这里抱团打拼成功的希望要大一些。一般说他们的住房状况、生活状况或叫进入社会的"初始状态"也许会比海淀唐家岭的"蚁族"要好许多。

最普通的音乐人只是一些歌手或乐手。他们会在市内一些宾馆、酒吧、各类娱乐场所进行非正式的音乐表演，如在宾馆大堂弹奏钢琴，或在后海的音乐咖啡馆里为客人助兴演唱。据说一场演出大约是1小时（计时单位），有300—500元的收入（根据演出效果、上座率确定，也会涉及技巧、风格、个性等）。他们每周可能有3个晚上去"上班"，有时一个晚上会有一两次"转场"（从一个地点转移到另一个地点）。歌手或乐手的组合可能是商家建议的，而他们自己形成组合也是可能的。一位做了录音棚的音乐人的妻子是著名女生三重唱组合"黑鸭子"的歌手之一。如果工作合同比较饱满，那么一周下来，他们在通州租房的月租金就到手了，后几周的收入就是更可自由支配的收益了，既可用于生活成本开支，也可作为再生产的投入（如乐器、设备甚至录音棚建设的投入）。要感谢通州的房价，感谢大量小产权房对通州房价的拉低作用，还有通州与北京市中心的交通便利。而且这些在表演时不乏疯狂的音乐人回到家里并不扰民，多数十分沉静甚至内向。于是我们偶尔会看到一些背着乐器的年轻人在九棵树地区行走。

与瞄准西洋音乐教育的中央音乐学院及瞄准中国传统音乐提高的中国音乐学院不同，北京现代音乐学院寻求差异化发展道路。他们的发展定位是通俗音乐及数字音乐制作。学院里使用电脑软件进行音乐处理合成是一门基本课程。所以如果一个歌手或乐手除了乐器还有一台可以编辑音乐作品的电脑，那么现在这些毕业生的居所就可以被称为音乐工作室。而如果除了电脑还有更多的录音设备和一小间专门的录音室，可以因此接受委托制作一些大众音乐产品并逐步获得声誉，那么这里就可以被称为录音棚。当然，即便这些录音棚就蛰伏在居民区里，音乐人的理想是让家与工作室分开。工作室或录音棚就像是"单位"。小区的居民听不到喧闹，因为这些录音棚经过极为专业的隔音处理，外面的声音传不进去，里面的声音也毫不外泄。毕竟这是一件靠耳朵进行的工作。在这种密闭的空间里，音乐人那个重要的感官功能被充分调动（歌手们的耳朵都很好，能准确地分辨声音，然后唱出来、弹出来）。而使用软件、操作设备的技巧大多都是通过"百度"搜索得到训练。

歌手乐手的表演活动也需要有一些记录。也许他们在"谋职"时也需要经过"面试"，要提供"简历"。所以许多歌手乐手会对自己的表演进行有伴奏的、较正式的录音，制作成一个光碟。而如果录制不是自己动手作的，那么别人的录音棚就有了"生意"。更何况，还会有很多具有出版发行权的唱片公司会找上门来委托他们制作一些音乐产品。据说当前音乐录制的价格在走低，从以前万元录制一首压到了每首只有五六千元。另外每年有上万部电视剧被创作完成，尽管不是所有的电视剧最后都在电视台播映过，但其音乐制作是不可缺少的。据说一部20—30集构成的电视剧在音乐制作上要花费10万元。这里有一些主题歌，有几段主题音乐及不同情境下的变奏。大约需要有总长一个小时的音乐素材在剪辑中使用。而一个录音棚大约要花一个半月的时间完成这项工作。这样的活儿能接上几单，一年的收入就有点儿可观了。当然这里有设备的成本，也需要支付请乐手歌手乐队来录音的费用。而通常情况下，每月能有5—6个小活儿，工作也就够紧张了。这样我们大致可以想象这个市场的规模和音乐人们的收入水平。音乐人们觉得周围他们的同行很多，需要的人手打个电话就"召之即来"，不必约到几天之后，因此干起活儿来很方便。我们向一些音乐人询问当地有3000音乐人这个数字是否准确，他们感到这个数字过于保守，从进入通州的八里桥过来一直到城区东南部张家湾一带，说有 1 万音乐人集聚他们也愿相信。据说这两年过来的人很多，有从市里（将录音棚）迁过来的；也有从南方比如广州过来的；还有台湾来的。他们认为在中国，九棵树地区是最大的数字音乐制作基地。

二、浮现着的艺术

通俗音乐当然是大众文化的范畴。但它们是当代活着的艺术，是当代人生活最直接也最新鲜的表达与流露。2013 年初，大雾笼罩北京，当晚就有一首旧歌被翻唱，表达人们生活在雾霾中的感受。我觉得这首歌很可能就是在九棵树制作完成。当代的艺术和古代的艺术不同，无论和传统的民间音乐比还是和西方 19 世纪的古典音乐比。这种不同有三个方面。一是在通俗音乐中，生活和艺术分离得不是很开，因此不成熟成了它们的特征。二是在网络时代，新的、以互动游戏为范型的、即时创作的艺术种类正在草创和形成当中。三是技术、机械（器材、设备）对创作过程的参与很彻底，没有这些物的因素，作曲家几乎没法展开想象。但是它们仍是原创的艺术，仍然追求着完美和希望。

每个稍具影响的录音棚里都会在显著位置陈列他们的作品（哪怕他们只是在这个作品生产的某些环节参与过），例如有 20 张左右的光盘连同它们的封面被展示着。这是他们的光荣，也是他们的广告！重要的是你是否知道这些作品的影响力，包括它们的演唱者是谁，出品人是谁，曾在哪些电视台播出，等等！我们看着那些作品的封套，就会识别出熟悉的电视剧或流行歌曲，脑海里就有了旋律（比如"老鼠爱大米"）。

每位棚主也会很自豪地对你介绍自己的设备。有些是从西方国家买的二手货，经港台等地转口进来，这样关税会低一些。但他们认为 20 世纪 80 年代的音响器材质量相当好，光凭分量就可以知道，为此他们愿意投两倍以上于今天新产品的价格。这样的设备如果再被设置在一个做过悬浮处理的工作间里，那感觉可就好极了。这就意味着作品的品质是上乘的。平时人们只知道在家里听音乐的发烧友会炫耀设备，原来制作音乐的设备更是可以"发烧"的。一位棚主告诉我们，为了录制吉他曲，他所使用的麦克风及从录音室到制作间的传输线都是专用的。另一位棚主身兼多种职业，除了制作音乐也参与演出，甚至还开着一家餐厅。他说："生活不太如意的时候也会悲观、灰心"，但一回到自己的工作室，拨弄着那些可以推上推下的机键，心情就会好起来："我毕竟已经置办了这么好的一套设备啊！"谁能说这样的事业心及感受与学院派的音乐家有本质上的区别呢？！这是很多年轻音乐人多年的梦想，只是并非所有的音乐人都能梦想成真。

曾有棚主略带悲哀地说："人们知道一首歌的词作者是谁，曲作者是谁，歌手是谁，乐队是谁，但有谁知道作品的编曲是谁呢？！"编曲，这个称呼在数字音乐制作行当中意味着太多太多。一首歌如果没有经过编曲，那么它就可能什么也不是。传统的民歌是在长期的传唱中慢慢成熟起来的。即使没有伴奏，仍然可以唱得非常感人。古典音乐作品在作曲家手里不仅有了旋律、乐章、和声、配器……，而且已经有了全部演出总谱。这里没有什么工作要留给编曲去做。但通俗音乐很不同。很可能会有一个歌手走进门来，说"我要录几首歌"。于是他就百无禁忌地唱起来。但这可能与一张专辑相隔十万八千里。这时编曲要对他的歌唱做全部音乐分析、改编和配器，然后给他做伴奏，完成整个音乐形象的织体，再分别录制各个乐器的不同音部，最后"缩混"合成。最终，丑小鸭出落成白天鹅。据说甚至有一个歌手走进门来说"我有一个动机"。连旋律都没有，仅仅是一个动机，这样的"作品"也能生成吗？！这取决于编曲！事实上，数字音乐制作之所以可以发展成为一个相当规模的产业原因也在这里。从歌手的表演冲动到一个曲子的流行，这属于编曲的工作空间就是这个产业发展的空间。一般说，棚主首先是一个作曲家，而他通常也会雇用一位优秀的录音师。

三、浮现着的市场

我们开始时说这是一个环环相扣的市场链，这话多少有些夸大其词，因为这个市场还基本处于半地下状态。这里所有上述音乐委托创作、编曲、录制活动都不是完全的市场行为，而只是自然人之间偶然的交易，哪怕它要经过好几个交易环节（公司或剧组委托创作或制作一个产品要把钱付给录音棚；录音棚又找到恰当的乐人或歌手来录制，还可能要向其他工作室或机构租用设备，这些环节都需要从前一款项中向后者支付报酬）。就像我们到乡间的小餐馆吃饭，然后向饭店索要发票。那会是很可笑的事。混迹于居民区或农民房里的工作室或者录音棚都不挂招牌，也根本没有经过工商注册。圈内的人口耳相传可以找到他们需要的合作者；朋友们也可能通过电话联络。相信这些个人间的交易也大致会有信用的存在，因为没听说有太多的官司。当然这里也不会有税收的事情发生。国家只注意规模以上的工业企业，对于这些自然人之间的经济行为睁一只眼闭一只眼。国家大就是不在乎这些！

但今天是一个知识经济的时代，文化创意产业正在世界各地兴起。文化产业也是一个巨大的产业群，一般说它包括两类规模不等的公司。文化产业是广义的媒体，通常它是依靠强势复制技术和巨大商业网络，通过知识产权交易购买作品或内容，然后开发成廉价的复制性产品展开营销。但这个产业的竞争使文化企业也希望尽可能控制处于产业链上游的文化原创资源，尽可能早地将原创的因素纳入自己的商业组织。但原创作品的市场化前景是有风险的，只有更加内行的商家敢于做最初的商业投资，而普通的商家只希望拿到市场前景比较明朗的产品薄利多销。于是文化企业分成了两类，并构成进一步的上下游关系。处于上游的往往是一些小微企业，它们尽可能靠前地接触原创，然后取得开发授权。

然后他们的产品出售给下游大规模的复制企业、有品牌的大公司，让它们去经营和开拓市场。两类商业组织中小企业的数量非常多，而大企业的数量比较少。通州九棵树地区这些工作室或录音棚就具有与原创环节最接近的小公司、小企业的特征。它们的位置甚至介乎于影视产品制作、音像制品出版机构和纯粹的艺术家之间；而它们的下家还要将自己的产品出售给播出或发行机构。在通州，这些小机构的通常只有1—3人。

全球文化产业发展的一个主要趋势就是"纵向非一体化"。大的文化传媒期望作全媒体经营，这叫"横向一体化"。一个传媒集团，既经营广播电视，也发行报刊书籍。但原创产品的高风险要靠许许多多的小公司靠专业知识去规避，去分担。而数码技术的应用是这种分散化经营得以实现的条件。当然还有"纵向一体化"。所谓"纵向一体化"指的是一个产品的所有生产环节都在一个商业组织内部完成。但我们会在每部电影结尾的字幕上看到一大串机构的名称。原来今天一个作品的原创很少再是由一个单独的创作主体从头到尾完成的，每一个环节都是有一个独立的、专业的商业公司完成的。这就是所谓"纵向非一体化"。在文化产业发展过程中，由少数大的传媒公司和大批小的原创公司匹配而成的产业结构格局必然形成；而且人们还经常会感受到"媒体过剩、内容稀缺"的窘迫。

因此在发达国家，要发展创意产业就要支持原创，要关注、支持、发展这类小微企业。正所谓源远才会流长。政府的许多优惠政策都是针对艺术家和这些小企业的。但是中国的文化体制改革还没有走到这一步，文化市场在很大程度上还没有开放，还没有出台这类优惠政策的紧迫感。反之它更愿意给那些靠行政垄断地位已经获利甚丰的大型播出或出版机构以更大的资助。这样的文化产业政策是灾难性的。为了不被世界更远地抛在后面，这样的政策必须尽快改变。

那么为什么不愿意让这些小的艺术生产机构、小的商业组织浮出水面进行工商登记，让数字音乐制作的市场在阳光下运行，从而尽快做大做强呢？有人以为是这些艺术家很难管理，说他们本能地倾向避税。而我们听到的声音是他们并不太计较纳税，并且他们知道在发达国家税收优惠通常是针对小型原创企业的；同时他们还知道自己如果进行工商登记成为企业，就应该拥有独立的出版发行权。这样做更可以保护自己的知识产权。这和我们从一些管理部门听到的说法有出入。我们还听到，棚主们多对前不久通过的音乐作品著作权使用的法律表示难以理解，认为这是对原作者创作的不尊重，认为这会伤害艺术家的创作积极性。这一点也令我们有几分惊讶。我们听到较多的是国外的企业对我们的知识产权保护现状不满，对于这些甚至还没有进入市场的音乐人的不满我们估计不足。看来，不愿意市场化的不是艺术家、音乐人或编曲们。当然，目前这种半地下状态的活动并没有被严厉禁止，因此生活和创作可以继续，只是说起来不太有尊严，从事文化创作的音乐人如同沿街叫卖的小商小贩。

发展、培育并有效管理艺术品市场是国家的责任，在全球化与知识经济的条件下这项工作变得更加迫切。文化市场开放是必然的趋势，而且届时政府还需采取强有力的措施使这个市场的规模迅速变大，管理迅速变得有效。或许对于这些小型文化企业的成长来说，集聚区的搭建会是一个很好的举措。我们应该使音乐人们在九棵树周边地区的集聚现象变成九棵树数字音乐产业集聚区的建设。

集聚区不仅是一个街区的建设，后续工作也不仅是物业管理。重要的是这里有政府的优惠政策。它表明政府在以具体的措施支持这些产业。如果草根性的音乐工作室或者隐藏在居民区中的棚主身份很难辨识，因此政策的受惠人（beneficiary）无法确定，那么进入集聚区像是一种资格认定。行业行政管理者可以知道这些业主在干什么。集聚区通常也是创意产品的孵化器。一些年轻的音乐人头脑里产生了旋律或者动机（motif），但他暂时没有设备实现它，于是他们可以向集聚区有关机构申请使用这里的设备。同时可能他们还没有足够的资金，那么集聚区可以经过对他们最初创意的审查，帮他们垫付资金。甚至有些创作最后失败了，或还需要一段时间的酝酿，集聚区先将其成本负担起来。这些政策性经济扶植是政府的举措，看上去政府可能有损失，但同时政府也可以因此拥有未来一定份额的知识产权。一个有政府机构参与的版权结构，或许在需要维权时使事情变得简单。当然政府并不需要每一次都投入或者资助，集聚区里可以有金融机构开展贷款服务；也可以引入一些创投机构、一些唱片公司在此寻找机会。这时集聚区对当事人的资格认定或许可以起到一定的担保作用。政策、金融、设备与技术的支持，这些才是集聚区真正的功能。

音乐人在集聚区的集聚更有利于他们之间开展的合作，他们休息时的小聚也许就会碰创出新的音乐火花。尤其重要的是，当代音乐的创作的确由于音响及数字制作技术的发展变成"集体进行的"。这里强调的是更加细腻的专业分工，而且是在明晰的知识产权框架下进行的分工。对此法兰克福思想家是有忧虑的，但从影视这种艺术门类产生之日起，以前潜伏在交响乐作品创作中的原作－解释、创作－再创作不断循环的构造被在市场条件下发展起来。推敲起来，早期的神话或史诗都是特定文明共同体的"集体"创作，只是我们难以辨明其作者，更没有什么知识产权含义。似乎是这样：没有知识产权制度，艺术的创作最终变成了个人行为；有了知识产权制度，创作重新成为集体行动。

这时，北京现代音乐学院的作用也再次显现。北音是这里许多音乐人的母校。这里有他们许多的老师、同学或校友。由于共同的音乐人生涯和在九棵树集聚的便利，他们会频繁地再聚首。毕业生离开了学校，但学校对他们有着持久的吸引力。学校就是潮流。在不断增加的交往当中，音乐及其风格的传承才表现出来。难能可贵的是，北音的教育管理者们对当代音乐产业的发展趋势有敏锐的认识，他们的办学理念就是要精确瞄准两个市场：通俗音乐表演市场和数字音乐制作市场。通俗音乐的流行表现出当代社会生活中的旺盛文化需求；而数字音乐制作技术同时可以应用于古典音乐与传统的民间音乐。北音现有包括流行演唱、爵士乐、音乐传媒、音乐教育、新媒体艺术设计等在内的8个二级学院及流行音乐、电子音乐、影视传媒、音乐录制4个研究所，20个专业学科、45个培养方向，1000余名教职工，9000在校生（含蓟县分校）。同时它不仅有4000平方米的演播大厅、350间标准琴房，还有8个音频工作站、6个视频工作站、16个MIDI工作室及双排键工作室；拥有独立、完善的影视节目制作中心、动画制作中心和网络管理中心。学校注重与当地社会发展的互动，自2010年起开始举办"北京·九棵树数字音乐节"。它的社会影响力正逐步显示出来。

音乐节不仅是表演和创作的展示。利用学院西校区建成的数字音乐及多媒体设备、产品交易大厅，音乐节包含了乐器及音响设备展销；接续通俗音乐作品大赛，学院开展原创作品知识产权拍卖。学校还正在筹办中国现代音乐博物馆，打造北京数字音乐在线交互网络平台等。学校既希望做长产业链，也希望做全与社会方方面面的联络。学校计划建设音乐厅与音乐剧剧场，希望将位于市内的音乐消费市场引向通州，引向九棵树。因此，北音也给正在打造国际新城和创意通州的当地政府一个机遇：九棵树数字音乐产业集聚区可以依托北音加以实现。这样通州的本地音乐艺术市场可以就地浮现出来。

应该说，创意城市的理念比一般文化创意产业或创意经济的概念更胜一筹。它不仅彰显了文化经济化的产业前景，而且烘托出整个社会创造力的激发，文化、教育、市场、公共部门及社会第三社会部门共同参与，营造出极易点燃创意的城市氛围，吸引更多的人才到这里创业的美好前景。九棵树音乐人的集聚对于通州来说已经是第二例，它北部的宋庄已经成为中国当代美术家集聚的重镇。未来的创意通州将如同礼花绽放，而现在积极打造九棵树数字音乐产业集聚区只是它又一个"引爆"装置。

中国"舞"台原创与市场的突破点①

一

2004年上半年,中国的"舞"台似乎形成了一个小的繁荣期。不仅像《大河之舞》这样的"国际品牌"在中国造成轰动:连连加演,并给演出中介公司带来丰厚利润,而且像《云南映象》这样土生土长的舞蹈佳作也闪亮登场、脱颖而出,在北京、上海等地博得一片喝彩。更有在厦门举办的第六届全国舞蹈比赛异彩纷呈,美不胜收。据统计"仅这一次舞赛进入复赛的作品就有164个之多",除了专家,厦门的舞蹈爱好者、观众恐怕也享尽了眼福。难怪北京舞协主席吕艺生先生要重提50年代中国舞蹈界领导人欧阳予倩先生的话说:"中国即将出现的舞蹈繁荣,将超越历史最辉煌的唐代",并补充说:"特别是近20年,中国舞蹈艺术发展的规模与速度,恐怕已远远超越欧阳老的预测。……就是横向比较,也不会落在其他国家后面。"他认为中国舞蹈已经站在了一个很高的"历史结点"上②。

"历史结点"说合情合理,且相当含蓄。一方面从一位资深舞蹈教育家的眼光看,中国舞蹈人才的成长、编舞表演技巧的进步有目共睹,不能不令行内人欣慰;另一方面,吕先生的赞扬较之欧阳老的欢呼也有分寸。一个结点并不说明更多的东西,只是具有了一种可能性、一个好的势头、一种可期待的希望!因为吕先生不仅看到了希望,也看到了一

---

① 本文发表在《思想战线》,2004年第6期上,它更早一些的讨论以"历史结点上的中国舞蹈如何取得关键性突破"为题发表于《首都舞苑》2004年第二期。

② 见《舞蹈》2004年第7期文:"历史结点上的中国舞蹈"。

些缺憾。人们对中国足球常叹息其"临门一脚"的无力,因而迟迟不能冲出亚洲,走向世界;如今又是亚洲杯的赛季,人们希望这一次的结局能好一些。中国舞蹈的局面其实与足球很相似:似乎又有了一次机遇,但"临门一脚"我们准备好了吗?!而舞蹈与足球相比还有一个弱项:她缺乏那么多的球迷助阵、喝彩。我们的观众似乎远没意识到中国舞蹈繁荣期将要到来。

中国舞蹈尤其是"舞"台(舞蹈市场)真的会繁荣、红火吗?

对这个问题可以从三个方面展开讨论。一是大环境;二是舞蹈作品的原创;三是市场营销。

二

大的环境应该说是相当好的,50年来没有比这时更好的了。近两年来,文化体制改革和文化产业发展已经上了党和政府工作的日程。而事实上,国内演出市场的开放可以说是所有文化领域中最明确的,其开放程度也是最高的;至于演出院团的各种单项改革更是已有近20年的历史了。据有关统计至2002年止,个体演员已经由1997年的19446人增加到39872人,演出经纪机构已经由1997年的49家发展到近600家。

从中国经济社会发展的历程看,虽然其工业化的进程并没有完成,实质性的金融改革刚刚开始,但其经济总量的增长还是非常迅速的,东部、城市地区居民人均GDP增长及文化需求增长非常迅速。中国经济的进一步增长、其产业结构的优化需要文化产业发展的支持与补充;她的和平崛起尤其需要道义上、国家文化形象上的提升予以支持;她的公民有对更高质量的文化产品和服务的巨大需求应给予满足。更由于世界经济一体化的进程正在加剧,中国已经加入了世界贸易组织(WTO),因而可以说中国经济及其社会的健康、可持续发展首先已经走到了一个历史结点上。我们还可以看到人们对物质产品上附加的设计因素、文化因素、审美因素有了明确的需求：频频举行的时装发布引起了对高素质服装模特的需求；周期性举办的国际车展不仅要求豪华新车甚至概念的登场，而且也要求"美腿少女"的陪伴。在这样的时代，如果说居然没有对舞台舞蹈表演的充分有效需求，几乎是让人难以置信的。美国舞蹈美学家杰伊·弗里曼在1976年的一段文字中说："十多年以前，有些舞者和作者就预见到了舞蹈团的数量、基金会的资助和来自政府的兴趣会日益增长。……如今的事实已经给予了证明。"[①]美国与欧洲各发达国家都是在20世纪70年代前后进入知识经济时代的，在这个时期，文化产品的生产和出口、文化制品与服务的消费迅速膨胀。美国就是从60年代起才有了舞蹈的繁荣。这样的趋势和机遇如今已经与中国人尤其中国的舞者们面对面了。

三

需求和大环境有了，重要的就是作品了。从中国的情况看，保留的舞蹈节目不多，国外的经典芭蕾舞剧也不全部适合国人的趣味，因此丰富、源源不断的舞蹈原创、新作品的诞生才是舞台繁荣的关键。

而原创对于我们来说是一个明显的弱项。"20世纪华人音乐经典"就不是很多，舞蹈经典相对音乐则更为匮乏。《红色娘子军》仍不时上演，但艺术上远未臻完美。这里深层的原因不在艺术，而在思想。我们这样一个有过长农业文明传统的民族也有同样过长的思想禁锢传统。甚至由于我们这个民族的思想家受到过太多的禁锢，以至于她的文学传统也是以小作品如诗词歌赋为主的，所谓"此中有真意，欲辨已忘言"。这些诗作尽管非常含蓄、微言大义耐人寻味，但毕竟展不开，缺少复杂

[①] 杰伊·弗里曼：《当代西方舞蹈美学》，欧建平、宁玲译，光明日报出版社，1995，第4页。

多变的作品结构；作者构思和深入开掘的能力得不到锻炼，只停留在情绪性的表现层面。长篇小说在古代中国文学史上寥若晨星。

中国的历史和民族生活中并不绝对缺乏舞蹈，无论是汉族还是少数民族，无论是宫廷还是坊间。这里之所以要把"20世纪"拿出来说事不仅是说20世纪是中国现代化最初的进程，也是说我们的文学艺术进入了现代的范畴。黑格尔有一种思路，认为艺术史是精神或者真理不断表出来的过程。例如人类最早的艺术门类、象征性艺术的代表建筑仅仅是为神的出场提供了空间，人类对神的想象最初只可能是神庙的样式。只有到了古典型艺术的时期，雕塑才将神的模样想象出来。而到了浪漫型艺术时期，信众们不再仅仅是膜拜，而是要调动绘画、音乐和诗歌的形式倾诉对神的衷肠，艺术成了个性化的。黑格尔讨论的就是一个艺术现代化的问题，只不过他使用了一种隐喻的手法①。

如果我们真的读懂了马克思的书，那么就可能解读出黑格尔话中的真意。这里隐藏的含义一是所谓神无非就是颠倒着出生的人自身；二是艺术的发生发展无非是一个不断自我解构的过程，即内容不断通过形式表出，旧形式不断被打碎并重组，成为新内容的新的形式构成要素；三是艺术史也就是精神的历史，是思想和思想家的历史。

黑格尔思想的力量在于其预见性。所有艺术惊世骇俗的现代转变都是在黑格尔身后发生的。简单地说，各种现代派艺术都是将传统的艺术表达形式进行解构，使其成为更加深入的个性化思考的表达手段。原来的视觉表象单元如人物或风景、原来的听觉表象单元如旋律，甚至原来的想象表象单元如故事、语句和词都被进一步粉碎了。人们在现代的视觉表象中首先感受到的是一些线条和色块；在现代的听觉表象中首先感知的是一些乐音和对比；在现代诗歌乃至长篇小说的表象中首先感觉到的是一些音响和字段的造型。但是，在这些似乎破碎的要素之间新的艺

---

① 参见黑格尔：《美学》第一卷，商务印书馆，1979。

术形象整体构成了，在这些破碎的音色之间一种深层的意义被娓娓道出。这些失去了对称格局的整体看上去更有序，更多维，因而更深刻，如荷兰抽象派画家蒙德里安那些用三原色、黑白灰构成的几何方块。这是一种城市文明的产物，不同于农业文明、封建宫廷的东西，但又不是城市中贫困者、新来者本能的无聊、困顿，它也是一种精神性的、内在的探索、反思（尽管它们经常能思及城市中的堕落与窘迫）。历史已经证明这些艺术确实比哲学或人文科学更早地揭示出人的现代境遇、命运、勇气和尊严。

舞蹈界的同行可能很容易地就会想到现代派的舞蹈，会大致赞同说这样的讨论也适用于现代舞的情况：现代舞蹈中演员的躯体甚至连抽象的人都不代表，原来舞者的形体、人体、人性的符号观念都被打破了。他或她仅仅是一种舞动的视觉表象的构成因素。这些形体有如一支疾书不已的斗笔长锋，在舞台上与这个相对封闭的空间进行着对话，与观众进行着无言的交谈。但我想说的意思可能更宽泛，因为我所说的现代艺术不仅只是舞蹈界现在从技术上所区分出来的现代舞，作为一种舞蹈创作的思想性深化它也适用于古典舞（含芭蕾舞）、民族舞的创新。当我们把一种个性化的思想视为现代艺术的根本特征时，连所谓后现代艺术也未能例外。比如一些后现代主义的建筑作品，像美国建筑师文丘里（Robert Venturi）的"胡应湘堂"（1981—1983）和摩尔（Charles Moore）的"意大利喷泉广场"（1974—1978），均能将现代的、古典的、民族的（地方的）、通俗的建筑要素混合编码，既有复杂的构思，又有精致的细节。

打碎重组，这只是对艺术创新的一种外在的、形式化的描述。它的完整叙述应该是打碎重组，释放真理。释放真理才是目的，那真理仿佛原先是被禁闭在相对混沌、坚硬的先前形式中的。近年来我国舞坛有了不少艺术创新，尤其是在个性化的舞蹈艺术语汇方面的创新，如张继刚、杨丽萍等舞蹈艺术家、表演家的可贵探索。但从美学的角度看，这种探索的更重大的结果还未能显示出来。或者这种舞蹈语汇的探索还未能被用于一种完整思想的表达；或者这种新的舞蹈语汇仍然被用于对旧主题的叙说。

《一个扭秧歌的人》通过对一位民间老艺人逝去、灵魂正在出窍状态的想象和描述，把舞蹈艺术家尤其是作者、编舞对秧歌这种艺术形式及其所蕴含着的民族生活形态、情感的热爱、体味和怀念表现得如痴如醉、如梦如幻。这在当年的中国舞蹈舞台上就是一个上好的原创作品。这里实际上已经有了一个文化人对传统文化的反思于其中，它表达的也已经是一个现代人、一个人文知识分子的秧歌情怀。然而，这毕竟是借助一个农民艺人的叙事情节表达的。工业化、城市化、市场化的现代生活还没有出现在艺术思考的视野中。杨丽萍从孔雀舞开始的个性化舞蹈语汇探索走到《云南映象》显然是更成熟了，而且这出大型歌舞集成的最终推出充分体现了这位舞蹈艺术家的执着与献身精神。但是这种深层上说以彝族民间歌舞为核心的云南歌舞集成表现得还是一种前现代社会少数民族生活中比较原初的血缘联系和"生命意识"。集成的前半场让大规模的"原生态民族歌舞"和更加精致、经过反思的杨丽萍个人独舞反复交替出现，让两种审美趣味相互呼应，并具有一种恰切的节奏。于是杨丽萍的独舞就成了一个经过现代城市文明熏陶的人文知识分子对前面一段群舞的艺术解释。然而由于比较有意识地强调"原汁原味"，就需要在内容上较多地保持在前现代状态，甚至保持在一种比较"生命"的情绪状态上，以至于后半场中"转山""雀之灵"等内容反而显得不能被兼容，给集成的最后创作成功留下了不小的改进空间。这些都说明，现代生活的深层内容还没有被我们的舞蹈艺术家所触及。

从表面上看，第六届全国舞蹈比赛也有一些作品与城市和现代生活有关，比如获双人舞创作二等奖的作品《日子》。《日子》在一定程度上说也捕捉到某种现代城市生活给家庭生活带来的尴尬；女主角手中道具（一块抹布）的运用很有意味，男主角那种"挑剔（指责）"的动作语汇很有概括力；但毕竟，对这种平庸的生活仅仅有表层的揭示是不够的。我们还需要有对深层评判尺度的发掘。同样是缺少对生活深层意义的开掘，获双人舞创作一等奖的《鸟仔》在内容上也流于所谓童趣、拟人或滑稽，让人联想起口技般的民乐曲《百鸟朝凤》，而与卡夫卡《变形记》的思想深度相差甚远。

中国一个多世纪以来的现代化进程是不平衡的，一些方面快一些，另一些方面相对滞后，甚至迈不开步。在艺术方面，我们的现代艺术基本上是被限制、保留在艺术教育机构中的。而在艺术教育机构中，创作过程一个人即可完成的门类发展得要快一些，比如美术；而创作过程环节较多的艺术门类发展就慢一些，比如交响音乐。因而更具现代感的原创不足并非舞蹈界独有的问题，只是在整个舞台演出节目更少的情况下才显得更为突出。

我们对原创舞蹈作品的讨论显然不是针对通俗舞蹈表演提出的。在现代、后现代的艺术演出市场上显然有这两种不同层次的舞蹈，一种要满足的是人们的精神需求；另一种仅仅满足人们的一般心理需求。精神和心理是两个不同的层面。前者要深刻得多，创作起来也难得多。它要求创作者有思想的深度。只有这一类的舞蹈作品在舞台上多起来，并得到越来越多的观众的赏识，舞苑的繁荣才是名副其实的。

四

最后我们还要考虑市场。这是一个现实问题，同时市场还不是万能的，它有无效（失灵）的地方。经验表明，市场对精致艺术的反应往往是迟疑的。因而政府及民间机构都有责任扶植、资助严肃艺术的创作。我们的文化体制改革也是为了理顺这种关系。一般说，所谓文化产业主要是指建立在现代复制技术基础之上的传媒，而传统的艺术生产（原创）在今天尤其应该得到资助。传统的艺术表演看似一种"复制"传播，其实是包含着再创作因素在内的，是特定艺术门类的作品最后完成的组成部分，也应作为原创部门得到全社会的支持。这是发达国家在20世纪末的时候都普遍以国家文化政策的形式明确了的做法。

然而，这不等于说我们的严肃艺术生产部门不需要改革，不需要考虑市场。市场就是需求，是有效的直接交往。市场是由消费者的消费偏好决定的。消费偏好不够高雅不是消费者的错，而正是需要人文知识分子包括舞蹈艺术家做工作的地方。从理论上说，比较精致、高深的舞蹈（艺术）和通俗的舞蹈（艺术）在现实生活以及市场中的关系是一个值得深入探索的问题。因而我们也需要考虑如何让舞蹈在更大程度上打入文化市场。

舞蹈进市场、搞营销有许多问题需要考虑，的确需要智慧。艺术营销在西方的教育体系中也有一席之地，需要我们去了解。对于中国的舞蹈市场我以为有一个最迫切的问题需要认识，即舞蹈演出市场需要由小规模的演出团体去突破。

计划经济体制实行的时间长了，人们习惯于好大喜功、贪大求洋，总想搞大工程。《大河之舞》规模是不小，而且运作也成功了，但它毕竟不是太深刻的东西，在很大程度上是通俗作品的集成。《云南映象》据报道演出8个月，累计票房达2000万，已开始盈利。但其整个创作过程还是太悲壮，商业门槛太高，还要从经济相对落后的西部地区走出来，市场链条太多太长。相对地说，《霸王别姬》在上海的商业运营要更成熟一些。投资400万元已在5个月的演出中收回。目前海外演出订单已排到2006年3月，将在欧亚北美演出240场。除舞团食宿行费用、津贴，每场演出国外演出商还将给付1.2万美元[①]。这个演出团队比《云南映象》要小得多。事实上，国外的演出团体尤其商业演出团体都很精干。大型景观歌剧《阿依达》2001年在上海体育馆演出，除了几名主

---

① 参见《舞蹈》2004年第7期，第13页。

要歌唱演员是从国外来的，数以千计的群众演员是当地的士兵或学生。

其实，高雅的舞蹈闯市场用小作品组合的形式比整台的大型舞剧更容易。我们不是正缺少高水准的"独双三"吗？有上十几个独舞、双人舞，十来位有实力的年轻演员就可以凑出一台很好的戏。舞蹈与音乐的情况还不同，交响音乐需要一个庞大的乐队，而室内乐的表演效果又显得过于单薄。而"独双三"舞蹈的表演可以借助音乐（录音、音响设备）烘托出比较浑厚、宏大的场面、气氛，这是一个有利的因素①。

横向比较，一些类似的艺术表演团体近年的市场化改革探索也多是这样做的。空政歌舞团的《江姐》改编成清唱剧到各地巡演，只有几位主要演员和乐队指挥出行，一般群众演员和乐队都在当地聘请。这样演出的成本门槛大大降下来，艺术家们才敢于进行实验，经得起一定的风险。20多年前北京京剧团赵燕侠承包演出队的示范意义就在这里。

船小好掉头。在开放了的演出市场上，会出现一批规模不是很大的民营演出团体。这里既有营利性的商业演出团体，也会有一些非营利的艺术演出团体。但这也不是说要把所有现有艺术团体一律解散了，而是说应多有一些灵活的组合，一个院团可能同时会有多台节目在上演中。这样做肯定会带来管理上的一系列新问题。但正是在这个过程中，我们的职业艺术经纪人才会涌现出来，而让我们的舞者各个都直接去谈合同显然是不应该的。

在演出市场化的今天，严肃的舞蹈及其表演也不应该完全拒绝与通俗的表演进行组合。记得杭州的主题公园"宋城"中有一台为旅游者设计的大型歌舞表演。这种用现代声光电手段烘托的歌舞节目总的说当然是比较注重感官刺激的，金戈铁马、真刀真枪。但其中也不乏一些很优美、抒情的舞蹈段落。在近年的改革试点中，杭州市文化部门就在与宋

---

① 据说"舞不足音乐补"已经成为一种时弊，但这并不是绝对的错误，处理得当确实可以锦上添花。

城集团就有关合作进行深入探讨，让专业演员有条件地参与到这种旅游演出当中去。这会是一种双赢的局面。同样，在舞蹈艺术市场化初期，舞蹈节目也可以考虑与其他表演如音乐、戏曲、诗词朗诵等组合，在市场中找到促进严肃艺术发展的有效途径。

说到这里，我们也会有一种感触，即当今的大中城市，尤其北京、上海及东南部沿海的省会城市还是太缺少中小型的展演场所。没有中小型演出场所，我们的中小型演出活动往哪里放？现在经济发展了，政府财政收入多了，动不动就要盖大剧院。其实，没有一定数量、比例的中小型剧院场馆做基础，大剧院往往是难以经营好的，往往最终是国有资产闲置，成为一个摆设。北京多个大型商品房小区成为"睡城"，其中没有影剧院，没有文化活动场所。这样的发展、富裕很难说是健康的、可持续的。其实，建设规划中本应该设计有艺术设施，而中小型设施不仅经营起来比较方便，而且吸引民间投资也比较容易。一个 1000 平方米的场馆，按 5000 元的建筑成本计也不过 500 万。在京沪穗这样的城市中，现在市民购买一处私房也往往要投 100 万元以上。政府如果不愿意做中小型展演场所的话完全应该出政策鼓励民间资本进入。

当然，情况也还是在出现变化。北京一些公共文化事业单位从对自身工作的性质、改革经验的反思出发，已经意识到"小剧场"会是一项有发展潜力的事业。因而据说朝阳文化馆就正在筹划建设一个"9 个小剧场"的项目。如果是这样，舞蹈艺术市场化的前景在北京就有了很好的机遇。老百姓讲生儿育女的事是"有小不愁大"。的确，如果我们有一批中小型的展演场所，有一批精心策划选编出来的节目上演，那么在这个过程中，就不仅可能培养出好的演员、好的编舞，也能培养出优秀的节目制作人、艺术经纪人，尤其是能培养起多层次的、不断增加的观众群、艺术消费者，培养起一个良好的价格形成机制、稳定而理性的价格水准。

上述讨论希望说明，中国舞蹈艺术的发展的确是处于一个历史的结点上，然而关键的突破还没有出现。这需要方方面面的人们共同努力：政府的文化政策与文化体制改革、舞者们的创意灵感和献身精神、艺术市场经营者的奋力开拓、消费者的文化自觉，等等。同时，这里的讨论都非常有限，只涉及相关问题中的某个我以为还没有引起人们足够注意的侧面，而且这只是一个外行人的浅见。希望这些讨论能引起舞蹈艺术界的专家们、我们那些年轻有为的舞者们的关注，并给予真诚的回应和批评。

创新合作模式，资源涌流，财富激增
——什么是R&V非竞争性战略联盟模式

在杭州，一家文化企业和一家食品企业宣布结盟，引起巨大市场效益和连锁经济反应，也促发了经济学家的思考。实践给学者一个机会，剖析经济领域的自主创新是怎样发生的？文化产业的兴起将给实物经济的增长带来怎样的机遇？人们可以看到,文化不仅是俗话所说的软实力，而且正通过产业环节迅速表现为显著的硬实力。

一、联盟带来的"爆炸式增长"

天畅科技，是一家从事三维网络游戏开发的高科技企业；绿盛集团，是一家生产牛肉干等休闲食品的传统企业。两家企业在2005年12月12日宣布：天畅与绿盛已经结成战略联盟，他们要让各自的产品相互实质性地嵌入对方的产品之中。

结盟的成效匪夷所思。12月12日当天，绿盛将一款名为"绿盛QQ能量枣"的肉干制品投放市场，此后一个月内出货量达人民币2700万元人民币；而去年同期投放市场的一个新品出货量仅有300万元。绿盛公司近几年的产值一直在翻番，但这个产品能比去年同期推出的产品出货高8倍是其老总也始料不及的。

天畅的门庭也喧闹起来。三维网络游戏《大唐风云》还未正式投放市场，产品还在研发和测试，可玩家不断打电话甚至从外省亲自登门询问其上市时间；更有若干家名牌企业、旅游景区、连锁超市、物流配送企业前来打探尽快加盟的可能性。据说"在Google搜索中，有高达152万项符合《大唐风云》的查询结果，而其官网注册的游戏公会会员就已经达到了近10万人"。可见，天畅公司的无形资产已大幅增值。

有商业敏感的人嗅出了其间的商机，专家也将其合作模式锁定为"实物经济与虚拟经济的非竞争性联盟"（缩写为"R & V"，代表 reality and virtuality，即现实世界和网络虚拟世界）。耐人寻味的是，双方除了前期的几次闭门磋商，两家公司都没有为这巨大的收益多投一分钱。这巨大的财富原来是隐藏在哪里的呢？

二、潜在资源的创造性激活

不增加投入，仅凭企业间的一种关联就创造出巨额财富，这听上像神话。那么两家公司到底是怎么结盟的呢？原来通过结盟，绿盛公司正式推出了自己的销售理念——网络食品，而根据商定，它在自己出品的"绿盛QQ能量枣"的包装袋上全部印上了天畅游戏产品的形象大使"太平公主"的形象，为《大唐风云》的面世大作广告。同时，天畅公司在《大唐风云》的游戏设计中，为"绿盛QQ能量枣"设定了具体的"食用"功能，玩家在网上点击"购食"了这种不同级别的虚拟肉枣便能迅速"恢复体力"，同时这种真实的网络食品也可能通过物流配送系统送到玩家的门口。就这样，两家公司的产品实质性地嵌入了对方的产品。

这是一个极富想象的市场案例。人们该如何认识其间的经济学规律呢？

起初，人们会认为，这两家公司相互具有正的外部性。外部性的经济学定义是："对他人产生有利或不利的影响，但不需要他人对此支付报酬或进行补偿的活动。当私人成本或收益不等于社会成本或收益时，就会产生外部性。"外部性又称溢出效应。外部性有正负两种。典型的负的外部性的例子就是企业随意排污，降低了自己的生产成本，把成本转嫁给社会。而经济学家解释正的外部性的典型事例就是养蜂场和苹果园：苹果花为蜜蜂提供了蜜源，蜜蜂为苹果授了粉；双方各得其所同时不需要专门的成本投入。显然，天畅和绿盛的情况和这很相似：绿盛将自己的包装袋做成了天畅的宣传品；而天畅将自己的游戏场景做成了绿盛的卖场。

然而经济学家也认为，所谓外部性指的是企业或个人向市场之外的其他人所施加的收益或成本，而现在情况涉及的是两家企业。这种互利关系不发生在市场之外，而是就在市场之中。况且两家公司有自觉的合作意图，进行的应该是一次公平、合理的交易。因此用正的外部性说明这个案例似乎是不充分的。

的确，苹果园和养蜂场的互惠关系值得深挖。果园希望获得苹果而不是苹果花，苹果花本身是"没用的"；而养蜂人着眼于采蜜，为苹果树授粉是蜜蜂多余的付出，是"不经济"。但养蜂场和苹果园进行了一次精明的交换，他们将各自本来没有用处的"副产品"甚至"废品"交换给了有巨大渴求的对方。他们以对方为邻的选择是战略性的。这样他们也将相互的正外部性变成了完全的内部性（即市场交换关系）。

分析还应该继续，而深入分析就会发现，现有的各种产品中，可能还潜藏着一些经济资源，而粗放的经营不是将其流失了，就是将其闲置着。事物总是复杂的，商品也不例外。一个产品的包装袋写着本产品的名称与特色不被人再当成广告，因此，包装一般不被当作媒体看待；质言之，包装作为潜在媒体的资源是闲置着的。而现在，当它被用来做一个同盟产品的信息传递媒介时，情况就完全不同了。同样，网络游戏中的虚拟场景也可以兼作现实的卖场商厦。这也是一笔潜在的资源。在今天这个资源变得越来越稀缺的世界上，能找到新的资源是多令人振奋的一件事啊！问题是这些潜在的资源怎样可能被激活，成为在手的资本。现在，天畅和绿盛的联盟做到了：他们各自看到了在对方产品中闲置着的、已方所迫切需要的资源。绿盛每年顺便为天畅做推广宣传的包装袋就有4000万个；绿盛的巨幅户外广告现在"套裁"了天畅的信息。而天畅的游戏设计将为绿盛提供一批连锁店铺，并使绿盛的肉枣别有一番文化滋味。靠着企业间经济合作模式的创新，大量潜在的资源被激活了。显然，绿盛和天畅两个公司获得的丰厚回报并非无源之水、不义之财。难怪在2005年12月12日以后，意欲加盟者、跟风如法炮制者甚众。这样一种经营理念和操作模式已经引起国内不少经济学家的关注；作为一个全新案例，天畅绿盛的联盟已经成为国内外一些MBA课堂教学的案例；而这样的模式如果具有普遍意义，会给中国经济和企业的增长方式带来巨大的影响。其结果必然是：资源涌流，财富激增。

三、企业发展过程中政府的责任

天畅绿盛的联盟是一个创新，但也是企业之间的市场行为。现在，这一联盟的结果中不断地显现出来。尤其是在网络游戏这个平台上，衍生产品的开发正方兴未艾。《大唐风云》不仅早就有过文学本的小说出版，现在又要开发同名的动画片，并有部分内容准备进入手机游戏领域。除了多种媒体齐头并进，"R&V"模式也正寻找新的突破。

天畅绿盛联盟案例已经引起了杭州市政府的高度关注，有关部门已经对两家企业进行过表彰。两家公司对政府提供的帮助是非常感激的。这使我们意识到，在企业发展的过程中，政府提供及时的政策性、法律性服务甚至比这种额外的表彰更为重要。近年来，浙江省和杭州市的经济发展与文化体制改革引人瞩目，其间政府管理方式的转变尤为突出。尽管如此我们还是发现，相关的服务工作，有的已经提供；有的仍需努力。结合天畅绿盛案例我们可以举几个例子：

其一，已经有专家分析说，文化产业和传统产业的结盟出现在中国、出现在杭州有一定的必然性。西方国家的发展使新兴的高科技企业看不起夕阳西下的制造业，而中国这两类产业都蒸蒸日上，正携手并进；杭州要打造休闲之都，在产业上要避免大规模的制造业，发展IT、动漫产业，发展以高科技为基础的休闲小食品业和服务业，这样的经济结构和产业政策孕育了天畅绿盛的结盟。专家还分析说,浙江人特有的"浙江精神"和浙江地方打造服务型政府、提供良好政务环境的实践也是这一成功结盟的文化与制度背景①。显然,地方发展战略的制定和精确实施、地方政府工作方式的转变对市场和企业的发展具有托举之功。

其二,天畅公司有具独立知识产权的先进的三维网络游戏专用引擎技术,是一家典型的软件企业。但由于天畅的游戏产品将是通过计时卡取费的,杭州的有关管理部门将其定位为服务业,这样天畅将不能享有软件业的相关待遇。这说明,政府各部门的管理制度有相互不衔接,甚至矛盾冲突的地方,还不能完全落实地方相关产业政策。据说这一问题已经引起浙江省信息产业厅的关注,他们正在会商有关横向部门,研究相关的解决方案。企业对问题的解决很有信心。

其三,天畅的老总提到:一位美国企业家了解了他们结盟的情况后说,如果在美国,他们的合作模式本身就可以申请专利,可以为他们这一天才构想取得应得的经济利益。对此,我们的企业家只是笑笑,表示很愿意为其他企业的发展做点贡献。我们觉得,这里就反映出我们的经济立法、知识产权制度的建立还相对滞后。这不是涉及少数几家企业的利益问题,而是涉及我国经济尤其文化创意产业发展、涉及我们民族文化产业的创意能力培育的大问题。国际上,凡是知识产权立法严格的国家就一定是文化产业大国;反之,知识产权保护程度低、立法程序迟缓的就必然是文化产业小国、弱国。其内在的逻辑是:不是因为文化产业弱,所以知识产权保护程度低;而是因为知识产权保护程度低,创新的不到鼓励,侵权得不到惩处,所以文化产业做不大。

凡此种种都清楚地表明,如果我们的相关政策、制度创新能走在企业创新、科技创新的前面,整个国家的发展就将会更快,更健康。自主创新的第一个环节是制度和机制的创新。而在政策与制度创新方面我们

---

① 参见陈劲:《正在爆炸》,浙江大学出版社,2006。

的各级政府还大有可作为。我们面对国际文化市场激烈的竞争压力，同时面对一个 20 年左右的战略机遇期，能否敏锐识别并抓住产业发展的特殊契机，及时提供更多的政策支持，鼓励企业自主创新，让更多的企业乘势而上，让中国新兴的文化产业携手方兴未艾的传统部门，让中国经济在高位上健康运行，这些都是对我们各级政府能否在新形势下迅速转换职能，提供高质高效服务的实际考验。

通往城市批评的美学之路①
——当代城市景观美学的三种资源

城市是现代人的生存方式选择。西方的城市化进程走在全球前列。城市面积的不断扩张和建筑高度的不断提升使城市人日益深陷城市表达的粗野和苍白及对城市景观的饥渴当中。另一方面说，西方各大都市及其建筑风貌的塑造早已经历了几代理论家的思考，不再是"摸着石头过河"。仅仅着眼于城市景观的批评，我们就可以看到从哲学、美学、社会学到建筑学和城市规划等若干种理论及其日渐综合的趋势。关注这些理论或许对我们城市的快速发展、城市风貌的着意打造以及开展城市与建筑文化的批评有诸多裨益。

我们也把几个相关学科的一些成果组合在一起，概括地称之为城市景观美学，希望以之解决中国城市发展中景观视野缺失的问题。西方的理论一般说是用来解决西方的问题的，并不直接适用于中国的现实。中国城市的建成面积、建筑物及居民人口密度之大盖世无双；同时改革开放以后长时期单向度的经济增长、政治和文化体制改革的严重滞后也在城市面貌上留下鲜明痕迹。因此，我们需要一种既跨文化又跨学科的美学视野对其加以比照；我们需要将一系列从宏观到微观的理论组合起来使用。本文希望简要介绍其中三个理论范例。

---

① 本文系中国社会科学院国情调研项目"科学发展观与当代中国城市风貌及公共建筑的文化意蕴"子课题之一。发表于《世界哲学》，2011年第4期，发表时略有删节。

一、符号论的文化批评哲学：佩茨沃德

从卡西尔到巴尔特逐渐形成的符号哲学一直被认为是文化分析的有力工具。符号哲学把内涵丰富的整个符号系统视为人类不同个体或集体的文化创造；换句话说，人类的文化创造就是主体间的符号构造过程（inter-subjectivity）。根据这种理论，建筑不例外地具有表达功能和诉求，而城市就是市民间、公民社会间、公民与政府间一场永无止境的对话。符号哲学与城市美学一个晚近的样本是德国人海因茨·佩茨沃德[①]的文化批判哲学。

关注佩茨沃德是因为我们需要一种文化理论来说明现代人对城市景观的饥渴，更需要开展作为文化批评组成部分的城市批评。这里城市及其建筑物或建筑群是被作为文化符号来感知、体验和批评的。反过来说，如果没有这种景观上的追求，建筑物可能变得极为猥琐，在特定制度条件下还会存在大批"豆腐渣工程"。作为文化物，建筑物要能体现人的尊严，要求有对永恒的追求。佩茨沃德的视野已经瞄准了城市。我们可以简单研读一下他的一本小册子《符号、文化、城市：文化批评哲学五题》。[②] 书名中的三个关键词构成了当代哲学的一种重要视域。

（一）符号哲学

在佩茨沃德看来，当代哲学首先就应该是文化哲学。他的哲学从对符号哲学传统的反省开始。他首先将符号学前史（prehistory of

---

[①] 海因茨·佩茨沃德（Heinz Paetzold），生于荷兰。现任德国汉堡应用科学大学传播理论和文化哲学教授、卡塞尔大学哲学教授及国际上多所大学的客座教授。1995至2000年任《当代文化和美学问题》刊物主编；1992年至今任国际美学协会执行委员。主要著作有《后现代和先锋派的论述》（1994）、《恩斯特·卡西尔》（1995）、《文化符号性语言》（1997）、《符号、文化、城市》（2000）等。此外他还主编过1999年《国际美学年鉴》（共三册）。

[②] [德]海因茨·佩茨沃德：《符号、文化、城市：文化批评哲学五题》，邓文华译，四川出版集团、四川人民出版社，2008年。

semiology）追溯到了维科、赫尔德和卢梭；将超越自然科学视野的"诗性思维"（维科）、语言学转向和多元文化论（赫尔德）、现代性批判和民族学即原始文化研究（卢梭）引入了符号哲学，让符号哲学接续了文艺复兴以来人文主义传统，以改写自笛卡尔以来的近代西方哲学认识论传统。一般说，康德是德国古典哲学及整个近代认识论哲学的集大成者，是西方哲学史上难以企及的高峰。但今天看的确具有较强烈的科学主义、认知主义和形式主义特征。现在，佩茨沃德把康德哲学的自然科学、逻辑学与心理学基础移到了语言学和民族学之上。这样，康德哲学才真正被超越了。而从卡西尔开始，理性范畴就不再是纯粹理性、实践理性、美学或知、情、意三分的。语言、神话、历史、科学、艺术乃至法学、经济学等等可逐一进入"扩大的认识论"框架。这样的哲学视野已经是全部人类文化了："文化理应被看作符号形式的集合体"①。

移去了旧的基础就需要找到新的立足点。佩茨沃德倚重卡西尔关于神话的考虑。佩茨沃德梳理了从维科、赫尔德到法兰克福学派的本雅明、霍克海默、阿多诺等人对神话的特殊关注。的确，如果不把逻辑、数学作为哲学的起点，真理只能被追寻到神话中去。这是哲学作为形而上学思考的必然要求。通过对卡西尔《神话思维》的引征，神话不仅被看作人类文化进程的源头，而且更是一种功能性的、追求真理和卓越的永恒冲动②。因此，佩茨沃德的符号哲学也合乎逻辑地落脚于伽达默尔的解释学。解释学是新的认识论。他说："伽达默尔恢复了文艺复兴人文主义，特别是维科（以及修辞学）的应有地位。……重新介绍了所有被笛卡尔和康德的理性主义传统贬斥为雕虫末技的学科，如修辞学、诗学、

---

① ［德］海因茨·佩茨沃德：《符号、文化、城市：文化批评哲学五题》，邓文华译，四川出版集团、四川人民出版社，2008，第29页。
② 参见［德］海因茨·佩茨沃德：《符号、文化、城市：文化批评哲学五题》，邓文华译，四川出版集团、四川人民出版社，2008，第16页等处。

语文学和历史。"① 在佩茨沃德的梳理中，不仅传统的文化创造被作为整体不可割弃的组成部分重新纳入哲学人文学的视野，而且通过对赫尔德民族学思考的回顾，也将一种跨文化的视野赋予了哲学。哲学终于来到了当代问题的前沿。

（二）批判理论

佩茨沃德还希望将卡西尔的符号学与法兰克福学派这"两股实际上分道扬镳的哲学思想统一协调起来"②，打造一个具有批判色彩的文化哲学。一方面，佩茨沃德在法兰克福学派思想家本雅明、马尔库塞以及霍克海默和阿多诺那里看到了对文化尤其艺术问题的关注；另一方面，他也"在后期卡西尔身上发现了文化批评哲学的影子"③。

但这项工作有一定难度。卡西尔毕竟是一种新康德主义的先验哲学，它关注符号系统的结构与功能；而法兰克福学派属于马克思主义或新黑格尔主义传统，它们更关注历史内容，对社会发展有一种批判的态度。两种哲学思潮能否融为一体要看其基本方法是否兼容。为了支持佩茨沃德的创新，我们可以相信，这两个哲学流派毕竟都是德国传统，都具有整体论和辩证思维的特征。进而还应看到，佩茨沃德并不倾向传统形而上学或先验论的思路，他所说的神话并不是一个乌托邦。文化对他来说，既有正面的价值，也有灾难性后果（"文化的阴暗面"）。因此他"把卡西尔的后期著作——《人论》和《国家的神话》——理解成人类文化两面性的揭露"，并使文化哲学成为"一项批评的事业"④。

---

① 参见[德]海因茨·佩茨沃德：《符号、文化、城市：文化批评哲学五题》，邓文华译，四川出版集团、四川人民出版社，2008，第55页。
② 参见[德]海因茨·佩茨沃德：《符号、文化、城市：文化批评哲学五题》，邓文华译，四川出版集团、四川人民出版社，2008，第25页。
③ 参见[德]海因茨·佩茨沃德：《符号、文化、城市：文化批评哲学五题》，邓文华译，四川出版集团、四川人民出版社，2008，第37页。
④ 参见[德]海因茨·佩茨沃德：《符号、文化、城市：文化批评哲学五题》，邓文华译，四川出版集团、四川人民出版社，2008，第47、48页。

(三)理论特征

我们现在可以看看佩茨沃德所代表的当代符号哲学与传统的符号哲学有了哪些重要的分别。首先，去除了康德哲学的理性（自然科学、逻辑和心理学）基础，就改变了康德哲学中认识论的特权地位。符号哲学不是在人类的文化遗产当中进行甄别和挑选，而是要对人类文化进行完整的深层理解，要不断深化对人的认识和构建。这时他是新康德主义的。进而，佩茨沃德不满意康德两位重要继承人的做法：谢林的浪漫主义（"诗歌成为整个文化生活的真正根源和基础"）和黑格尔的辩证唯心论（"文化被转换成纯粹的精神"）①，他援引几位哲学人类学家和梅洛—庞蒂的现象学，认为"一个完整充分的'主体性'概念必须包含物质和身体的成分，而物质和身体是不能扬弃为纯粹理性的"②。身体这个概念我们不熟悉，但马克思所说"感性的活动"即"实践"的概念及其哲学功能也许可以构成对佩茨沃德所用"身体"概念的补充③。只有这样，不仅是文学艺术、神话宗教、科学历史要得到理解，伦理学基础上的社会制度研究、经济学和法学也要得到理解和构建。并且这样，"文化"才能被"理解成为一个为符号商品争取社会承认的动态化斗争"④。这时他是现象学的，甚至具有某种唯物主义色彩。第三，没有了先验内容的主体性概念，即使是有内在结构的符号体系也只能是经验而多元的。这样才能将全球化进程中不同地区不同民族的文化多样性状况含括在内。

---

① 参见［德］海因茨·佩茨沃德：《符号、文化、城市：文化批评哲学五题》，邓文华译，四川出版集团、四川人民出版社，2008，第53页。

② 参见［德］海因茨·佩茨沃德：《符号、文化、城市：文化批评哲学五题》，邓文华译，四川出版集团、四川人民出版社，2008，第49-50页。

③ 在这个问题上，佩茨沃德应该得到补充。我们在看到他对丹托等人"艺术界"概念的说明时也表现出一定的局限性，还只是看到了经纪人、拍卖行、博物馆长等，还没有看到整个社会各种群体阶层的人对什么是艺术这一美学问题的决定性影响方式。

④ 参见［德］海因茨·佩茨沃德：《符号、文化、城市：文化批评哲学五题》，邓文华译，四川出版集团、四川人民出版社，2008，第56、41等页。

同时文化的发展也只是在路途当中的，谁也没有把握最终的真理。所谓文化的发展是指不同文化在相互接触时互为"他者"；而在与他者相遇时，理解才在他者和自我两个方向同时展开。因此理解首先是一个伦理行为，要求相互承认和尊重。这样的双向运动也发生在各种不同的符号形式的互译过程之间。这时符号哲学不仅主张了一种文化多元主义，也主张了一种透视主义或多元透视主义（multiperspectivism）[①]。

（四）美学功能

这样的符号哲学或文化批判哲学是否会陷入相对论的窘境呢？我们现在就要提及佩茨沃德符号哲学的第四个特征，即他对美学的器重。佩茨沃德主张当代的符号哲学、文化批评哲学同时也应是美学的，而作为美学它又必须是一种不同于传统的超越美学。这种美学将提供一种重要的艺术观念。

如上所述，人类的文化理解是在与他者相遇的过程中发生并不断构建的，在近代理性主义觉醒之前，人类文化已经有了相当丰富的成果和进步。那么这些进步是怎么实现的，并且在纷繁的、相互冲突的文化现象间人们如何可以辨认这些进步呢？

佩茨沃德文中提及下列几个重要的现象，而这些现象传统上正是美学所关注的焦点。首先社会的进步需要一个与现实相对区分的空间，这里展示理想，让未来提前当场。这个空间就是剧场，就是表演。剧场及其演出不仅是娱乐，更是公共空间和媒体。古希腊的剧场就是希腊公民社会的学习与实践场所；因此希腊的公民可以享受剧场补贴。同理，启蒙运动也强调剧场。有戏剧（这里主要是指话剧）的社会是积极进取、有创新活力的社会。接下来，与戏剧、传媒或公共空间相关对人的要求就是对想象力和语用方式的强调。未来本来是不存在的，经过想象它被

[①] 参见［德］海因茨·佩茨沃德：《符号、文化、城市：文化批评哲学五题》，邓文华译，四川出版集团、四川人民出版社，2008，第40页。

呈现了（可以想想音乐作品那些美妙的旋律，它们本来是世间所没有的。而有了它们，天堂不再遥远）；而语言不仅可以表达某些固有的含义，尤其可能在特定语境下被赋予新的含义。那些形象化的修辞手段往往可以用一个小小的形象象征出一个全新的世界。所有这些都是传统美学的话题。有了这些基本要素，人类社会的发展有价值引领，且生生不息；相对主义也因美的引入而被克服了，尽管几乎所有现代主义的批判者都是强调当代剧场和媒体中这些美学功能的丧失。可见当形而上学被克服之后，当代最有意义的思想就是美学。

在这种理解的背景下，可以尤其关注佩茨沃德对艺术的界定。艺术就是表达，就是想象，就是语言的创造性使用。同时由于所有的物质介质都可以直接被艺术作为形象所征用，因此"什么是艺术"的问题就变成了"何时是艺术"的问题。艺术广泛分布在种种符号形式当中，剧场无处不在。佩茨沃德整合布尔迪厄"文化场域"概念和丹图"艺术界"概念，提出"艺术观念"概念。他认为，艺术是对整个文化现状的干预；也是对传统表达秩序的反抗、解构和质疑；艺术作品的深层蕴含着自身来源的谱系，同时也有对当下的历史性反思[①]。在我看来，这样的"艺术观念"还不如叫"艺术状态"，而"艺术状态"是一种集体和人际间互动的状况，是一个有活力的社会中频频发生的"灵魂出窍"。

"历史性"标准的重新引入将与艺术家有关的外部环境、在场他者的因素引入到艺术的定义当中。艺术是一场永无止境的喧闹对话。佩茨沃德具有强烈的当代意识，他看到了这个后工业社会、丰裕社会、消费社会或信息社会的到来，文化生产和消费成了这个时代的大潮。艺术以及一切广义的符号产品都不仅是面对权力争取自身的地位，也要争取穿透市场渠道获得全社会的承认。无论市场（私人部门）、传统国家，还是人文知识分子即符号生产者及受众都要在公共领域的转型过程中完成

---

① 参见[德]海因茨·佩茨沃德：《符号、文化、城市：文化批评哲学五题》，邓文华译，四川出版集团、四川人民出版社，2008，第60—61页。

自身的改造。在一个传媒无所不在的时代,没有任何特权或优势的艺术(作品)要有能力"介入其时代的视觉文化",成为"作为整体的文化中的某种生成力量"。因此,作为艺术的盟友,美学必须具有超越传统美学的能力。它不能仅仅讨论审美或精英趣味的问题,也要能思考文化市场或大众传媒上那些类艺术、准艺术、伪艺术的鉴别与批评问题,思考艺术之所以能成为艺术的各种"制度安排"问题。这才是佩茨沃德所心仪的"作为文化哲学的美学"或文化批评哲学,是他要将符号哲学和批判理论拧成一股绳的意图所在。但佩茨沃德注意到的在场他者还不够多,还仅仅涵括了收藏家、画廊主人、博物馆长、艺术批评家、研究机构和研讨会等,因此他所说的"制度安排"比我所理解的要狭窄一些。这样他的艺术观就离开丹图、迪基和古德曼等人还不算远;也使他在关注到城市问题的重要性时没有放眼关注同样作为文化符号的建筑尤其是公共建筑的外观问题。

(五)都市主义

接下来,佩茨沃德的文化批评理论迅速延伸到都市文化问题,并轻车熟路地历数了都市主义的三种传统[①]:城市规划者和城市设计者的都市主义、社会科学家的都市主义和哲学及文艺批评的都市主义。第一批专家关心的是城市如何更合理、更人性化,也更有利于艺术的创造;第二类是社会学家或人类学家,他们关注城市中人的存在方式、人际关系与社区问题(如移民问题及文化、宗教等);而第三类是一些敏感于城市生活的思想家、文学艺术家(波德莱尔、本雅明等),他们描述在城市边缘"游荡"时获得的体验。佩茨沃德在阿伦特[②]思想的背景下整

---

① 参见[德]海因茨·佩茨沃德:《符号、文化、城市:文化批评哲学五题》,邓文华译,四川出版集团、四川人民出版社,2008,第68页以下。

② 汉娜·阿伦特思想与法兰克福学派的关系有密切相关,但我不知道她是否属于法兰克福学派。在《符号、文化、城市》一书讨论卡西尔和法兰克福学派关系的第二章中,佩茨沃德提到了法兰克福学派到第三代为止的诸多思想者,但阿伦特不在其列。

合三个传统的城市批评理论有其相当的合理性：城市的规划最终要考虑市民的生活方式乃至社会结构，而市民生活的感受由文学艺术表达出来，进入被明确意识到的状态，并引起对规划思想的修正。

佩茨沃德的研究理路曾深深吸引我，以为我对城市景观的关注并不孤独。但当我试图了解佩茨沃德对城市景观的关注及其符号学分析时却不太成功。他的思路严格说是社会学中心的，接受了法兰克福学派社会批判的倾向。因此反观佩茨沃德对三个城市批评传统的梳理就会看到他的特殊侧重。例如他提到的城市规划师传统，就只是注重城市规划的社会影响，而非建筑外观的历史文化蕴含；他对城市大尺度景观的分析有些空泛。他的第三种城市批评传统看重哲学与文艺批评的都市主义，实际上这是些都市文化研究①。因此我还需要找到新的资源，用于城市景观分析。

二、复兴中的景观建筑学：科纳

景观建筑学是引起我强烈兴趣的第二个城市景观美学的理论资源。我手边的样本是詹姆士·科纳②主编的论文集《论当代景观建筑学的复兴》③，特别是它的"绪论"。首先我注意到，科纳等人的景观建筑学

---

① 参见［德］海因茨·佩茨沃德：《符号、文化、城市：文化批评哲学五题》第五章。

② 詹姆士·科纳（James Corner），美国注册景观设计师与城市设计师，宾夕法尼亚大学设计学院景观设计系主任、教授，美国 Field Operations 景观设计事务所创始人、首席设计师。他的主要著作有《美国景观测量》（Taking Measures Across the American Landscape，耶鲁大学出版社 1996、2000 年）、《论当代景观建筑学的复兴》（Recovering Landscape: Essays in Contemporary Landscape Architecture，普林斯顿建筑出版社 1999 年版）等。2010 年在深圳前海规划国际咨询活动中，他的公司提供的咨询方案因很好地表现了水的主题被评为第一名。

③ ［美］詹姆士·科纳主编：《论当代景观建筑学的复兴》，吴琨、韩晓晔译，中国建筑工业出版社，2008。

也具有符号现象学的倾向，并可划归后现代理论的范畴。

该书强调景观建筑学在当代的"复兴"，说它可以被视为景观建筑学的第二波。19世纪后半期，景观建筑学曾引领了城市规划学的发端；"田园城市""浪漫郊区"就是它的遗产。现代化当中本能地推进的城市化进程使城市密度加大并无序蔓延，城市生活缺少便利并危害市民的健康，因此城市发展必须有良好的前瞻和规划。于是城市规划学被推上了历史舞台。但20世纪初诞生的城市规划学很快就落进了现代主义或说功能主义的窠臼中，城市种种合理化规划缺少对自身历史和文化的思考，缺乏市民的参与，建筑和城市变得苍白，正所谓"千城一面"[1]。由此产生了景观建筑学复兴的呼声。他们的呼吁有下面几个特征。

（一）现象学意义上的城市景观

首先，这种复兴中的景观建筑学反映了当代人的某种根本需求和愿望，它关注城市大尺度景观，因此与20世纪之交的景观理论有所不同。传统上景观一词主要指向田园风光和园艺栽培，并带有浪漫主义的怀旧情愫。当代景观建筑学家则意识到，景观是一个近代观念，大约产生于18世纪的欧洲。"景观不是自然环境。"[2] "景观是通过绘画才呈现出来的。"[3] 近代开始的大规模城市化进程，使越来越多的人与乡村或自然分离开来，不再占有它们，而只能在一定的距离之外观赏它们，向其中投射自己怀旧感，并以此充当对城市生活弊病的解毒剂。这才是自然景观的文化及社会政治含义。这时反观也是重返的开端。同时，如果景观总是现象学的、符号学的，那么这种态度也可以以城市为对象，要求城市成为景观；可以像2010年上海世博会的口号所说，应使"城市让

---

[1] 参见［美］布赖恩·贝利：《比较城市化》，顾朝林译，商务印书馆，2008。

[2] 奥古斯丁·伯克语，转引自［美］詹姆士·科纳主编：《论当代景观建筑学的复兴》，吴琨、韩晓晔译，中国建筑工业出版社，2008，第6页。

[3] ［美］詹姆士·科纳主编：《论当代景观建筑学的复兴》，2008，第7页。

生活更美好"；要改变近现代工业城市无序、衰败的格局，改变城市中绝大多数人无权的边缘状态。这是复兴中的景观建筑学的现象学视角。

（二）城市景观创新

近年来人们说到城市景观主要是说保护各类历史建筑。而今天景观建筑学的视野绝不仅仅限于文化遗址保护和旅游景点的开发，它强调创新。如科纳在序言中所说："许多艺术家、建筑师和城市规划师保守地看待出现的新事物的未来，在20世纪后半叶对新景观的憧憬大多被对保护保存的关注所掩盖。因此，艾伦·巴尔弗和我邀请了许多重要的景观建筑师和理论家来探讨新景观的形成"①。而"景观被理解为一个不断发展的项目，一个通过创造性的努力和想象来丰富文化世界的雄心勃勃的事业"②。如果一定要说景观是一种遗产，那么，"它是需要被恢复、耕耘和向新方向发展的遗产"③。

如何可以看到甚至想象、创造新的城市景观呢？传统的城市尤其中国城市总是低矮的。人们在街道上行走，像是乘舟行进在狭窄的河床里。现当代的城市不仅范围扩大，街道立面和广场四周形成的城市天际线不断延展、增高，加之俯瞰城市的观景点（包括起降中的飞机甚至航天飞机）不断增加，城市作为景观被越来越多的人所了解，并成为日常生活无法摆脱的环境。我们看到巴黎、维也纳等城市在发展过程中充分考虑城市景观的完整，使城市随时散发着浓厚的文化气息。罗兰·巴尔特分析埃菲尔铁塔的功能与景观的文字在这个背景下尤其值得参考④。城市景观也是在不断的发展中变化着的，科技的进步给城市人许多震撼，但也往往对人过于轻慢。为了改善交通，高架路高架桥凌空飞架，但也有

---

① ［美］詹姆士·科纳主编：《论当代景观建筑学的复兴》，2008，第viii页。
② ［美］詹姆士·科纳主编：《论当代景观建筑学的复兴》，第1页。
③ ［美］詹姆士·科纳主编：《论当代景观建筑学的复兴》，第12页。
④ 参见巴尔特："埃菲尔铁塔"，载《符号学原理》，李幼蒸译，三联书店，1988，第36-47页。

可能是粗暴地割裂了传统的社区、人际交往及城市文脉。传统社区、人际交往通道的割裂问题在中国不容易让人意识。但我们可以用北京东四环路的修建直接切割了原有的红领巾公园为例，说明即使是政令统一的政府也会鲁莽从事，造成城市景观的破碎，而城市景观的破碎就意味着城市凝聚力和认同感的破碎。因此，景观建筑学希望唤起都市人的景观意识，理解城市表面形成的肌理，重整城市化进程中日渐凌乱的城市历史文脉，通过景观创新丰富日益多元的文化世界。例如一条道路的修建不仅要考虑交通的改善，还要考虑对历史记忆的唤醒、各种人际交往的便利以及与自然环境的关联。这对城市规划者和景观建筑师、城市的领导者及公众都是新的要求。还可以举巴黎为例。巴黎市区也在不断地扩展。在扩展中，传统的主轴线香榭丽舍大街被规划向西延伸，拉德芳斯拱门成了新的终点。站在拉德芳斯拱门下笔直地眺望老城，阳光照耀的凯旋门如同从地平线上被托起，历史和现实被紧密连接在一起。作为新的开发区、商业区和住宅区，拉德芳斯的城市功能十分完善，公路地铁直通主城。这样的实践具有示范意义。如科纳"绪论"标题所说："景观复兴是一场重要的文化运动"。

（三）城市景观营造是持续的社会运动

城市景观的营造不可避免地会是一场持续的社会实践。城市景观往往不是由单体建筑构成的，它的营造要复杂得多。景观诉诸人的体验，"它的全部效应已经延伸为一种综合的、战略性的艺术形态，这种形态可以使不同的竞争力量（如社区选民、政治期望、生态进程、功能需求等）形成新的自由而互动的联合体。"[①] 城市景观的打造不仅是个技术问题，更是个复杂的社会政治问题。其间市政当局和各种私人部门甚至一些家庭都可能发挥直接的影响，而市民作为一个整体所进行的干预则是间接

---

① ［美］詹姆士·科纳主编：《论当代景观建筑学的复兴》，第2页。

的。"景观，……有国家和文化的特征。"①城市景观显然是一个公共话题。在这方面，我们又注意到科纳等人的景观建筑学有与佩茨沃德文化批判理论的一个相似性，即景观也具有阴暗面，也需要进行景观批评甚至批判。

城市景观的含义是复杂和可读的。工业城市浓烟滚滚、噪音阵阵、废水横流、恶臭扑鼻的景色当然是丑恶的，那些粗暴切割了传统邻里关系、城市文脉与天际线的高架路也鲜有美丽可言，而即使是被一些人营造得极为光鲜的地标式建筑或"亮丽工程"也会掩饰种种暴力和社会不公。科纳引用利奥塔的话说："不是疏远产生景观。……景观产生的疏远……是绝对的。"②他自己解释说："作为一个有距离的工具，景观可以被当权者用于隐藏、巩固和重新说明某些既得利益（无论是属于贵族、政府还是公司部门）。景观在这方面是相当有效的，因为它可以优美地掩饰它的技巧、及时而不被注意地顺化和粉饰其建设和影响。"③科纳等人显然充分考虑到城市景观营造不是个简单的外立面装饰问题，而是一个充分的政治进程。《论当代景观建筑学的复兴》的作者们强调，"大型的景观被认为是动人的项目、批评的媒介、创造力和社会的交换"④。作为一个社会，只有深入理解并考虑到这些问题的复杂性，美好景观营造才是有希望的。而作为景观建筑师，他不仅要有周全及天才的设计，而且势必要能仔细权衡这些大型项目的内部性与外部性之间的微妙关系。这也是一种伦理的要求。

（四）景观多样性及其地域性

景观建筑学强调地域性的表达，强调表达的多样性。既然"景观复兴是一场重要的文化运动"，那么健康美丽的景观应该是怎样的呢？科

---

① ［美］詹姆士·科纳主编：《论当代景观建筑学的复兴》，第7页。
② ［美］詹姆士·科纳主编：《论当代景观建筑学的复兴》，第10页。
③ ［美］詹姆士·科纳主编：《论当代景观建筑学的复兴》，第10页。
④ ［美］詹姆士·科纳主编：《论当代景观建筑学的复兴》，第23页。

纳说：城市"景观已经成为多样性和多元化的代名词"①。

科纳所说的"多样性""多元化"有多种含义：景观体验是综合体验，不仅视觉听觉触觉嗅觉都参与，而且除了审美也有政治、生态、经济意向的参与；景观本身可能具有复杂的建筑形式或组合的功能要求，不是单体建筑或某一单项公共工程；景观营造是一个持久的社会过程，会历经试验及对不完善的不断校正，等等。但最重要的含义我认为是指景观文化蕴含的多样性。文化就是表达，表达就是差异；艺术就是创造，创造拒绝重复。因此作为艺术的城市景观必然应该是特殊的、与众不同的。景观的多样性是在不同的城市在对特殊地域性的追求当中形成的。我们已经进入全球化时代，"景观实际上是做为抵抗环境同质化的一种手段，并且同时提升地方象征和场所集体感觉。"② 各种对多样性的追求已经成为当代的潮流。人们生活在地球不同的生态当中，并因此创造了不同的生活方式及其文化表达；不同地域的人经历了不同的历史事件也继承了不同的文化认同；今天全球信息交换更加迅捷，不同地方的人对之作出了不同的应对。对差异即城市的地域特征的维系成为一种文化自觉。作为城市文脉之中的景观营建与创新，我们不得不与历史状况打交道，要有能力使历史遗产成为创新的资源或滋养。后现代主义对现代主义的态度不同于现代主义对前现代的态度。现代主义曾要求与前现代决裂；而后现代主义既不要求拒绝前现代，也不要求完全否定现代主义。后现代主张对话，一场持久并富含创造性的对话。近些年来，中国那些走向富裕和扩张的城市，每每把"曼哈顿"树为自己的旗帜，造成了大规模的同质化和城市景观的苍白。我们现在听听景观建筑学的声音，会对这种偏向的校正有极大的意义。

---

① ［美］詹姆士·科纳主编：《论当代景观建筑学的复兴》，第2页。
② ［美］詹姆士·科纳主编：《论当代景观建筑学的复兴》，第12—13页。

三、针对现代主义国际风格建筑的不同声音：后现代主义 Vs. 批判地域主义

"（城市）景观"概念还是很大，经验上的边界也很难界定，因此我们不仅缺少案例，更缺少可经验地进行评价的标准。我们需要细节，经验的细节和理论的细节。于是我们现在关注建筑师的美学。

"被看"成了城市及其建筑的时代功能；它们成为阅读的对象。无论建筑还是城市，都有"用"和"观"两个方面。人们使用房屋总是用其无形的空间，但也总能看到其有形的各种表面及其立体组合。人们所能直接使用的建筑极其有限，而他们能看到的建筑却非常之多，并且其中绝大多数的建筑不属于自己。城市越大就越是这样；城市现代化程度越高就越是如此。我们可以在现代化大都市里看到川流不息的游客团队，他们是专门来看这些城市的，正所谓"观光"。这是"后现代社会"的一个特征。因此我们觉得古罗马的建筑学之父维特鲁威说得很全面，他对建筑有三个要求：安全、实用、美观。而西方现代主义的建筑原则则显得比较片面。他们说"（建筑）形式追随功能"（form follows function），强调"少就是多"（less is more.），甚至说"装饰就是罪恶"。他们的建筑外形极为简约，就像一个个白色的火柴盒。但到了20世纪六七十年代，富裕起来的西方人还是看不下去了。他们说："少就是烦"（less is bore.）；"形式追随想象"（form follows fiction）。缺少了装饰生活就没有趣味。因此他们把建得好好的经济适用房小区"普鲁蒂—艾戈"爆掉了事①。这个事件要求全球建筑师针对世界的变化拿出新的设计来。于是各种后现代建筑流派及其代表作纷纷产生。他们必须把人们的"看"当回事了！

城市景观的形成有两个源头：一个是城市规划；另一个是建筑设计。

---

① 参见王受之：《世界现代建筑史》，中国建工出版社，1999，第315页。

城市的使用功能不同于建筑物的使用功能。建筑师大多设计单体建筑，而城市规划更多考虑城市功能布局和公共工程安排。如果分开来看，双方都可以不对城市景观负责。因为城市景观尺度很大，如建筑群、天际线、街区等，不是单个工程所可以营造的，也不是城市功能考虑所首要顾及的。因此我们特别看重景观建筑学复兴的意义。他们抓住了问题的要害：一、城市外观；二、建筑物之间的关联。他们不仅考虑功能，也希望把整座城市当作具有高质量唯一性的艺术品设计；而且这件艺术品是从市民生活中生长出来的。着眼于看，我们可以关注两种建筑美学思潮。一个是后现代主义；另一个是批判的地域主义。

（一）后现代主义建筑思潮

我们曾专门讨论后现代主义建筑出现的意义[①]。那时我们对理论上的"后现代主义"还不太熟悉，而建筑学上的后现代主义相对清晰。简单地说，所谓后现代主义的建筑与现代主义分道扬镳，要与古代或古典的建筑重新对话，所以有所谓文脉主义[②]的说法；其次他们要重新营造欢快的商业气氛，具体落实为"向拉斯维加斯学习"。

具体地说，他们的建筑注重装饰，有一层"装饰的壳"（decorated shed）。"壳"的说法突出地彰显了他们双重设计的特征，用詹克斯的说法叫"双重代码"：一重是现代主义的；另一重是别的什么，通常会是古典主义的。这里的意思是说，在功能设计上，他们与现代主义没有什么区别，在材料和建筑工艺方面也没有多少分别；但是，他们不能容忍现代主义建筑"白板"似的外表。建筑必须有包装；装饰不是罪恶。

他们仅仅是旧瓶装新酒吗？他们建筑上的"壳"是古典主义的复制

[①] 参见章建刚："'后现代主义'建筑出现的意义"，载《江苏社会科学》，2000年第5期。

[②] Contextualism，不同的专业对它有不同的译法，如脉络主义、语境主义等，总之它是强调context对text的环绕及其影响。我国建筑学界比较多地使用"文脉主义"的译法，而这样刚好突出了建筑作为符号和文本的功能，因此本文取文脉主义的译法。

吗？不，他们不是复古主义，不是要回到古罗马、文艺复兴或古希腊。他们要有所表达和创新；要与古人、前辈进行对话，要调侃古人，甚至拿古人"开涮"；他们要为城市里已有的古典主义建筑和现代主义建筑"说合说合"，要站在两种建筑之间做"和事佬"，营造一种多元的、兼容的、带有不和谐音却不狞厉的合唱局面，而不计较你把它叫作"折衷""杂乱""含混"……这就是现实中可能的和谐局面。

文丘里①为普林斯顿大学设计的胡应湘堂（1981—1983）被认为是后现代主义首批成熟作品之一。这个体量不大的建筑上交织了多种建筑风格。文丘里不仅成功地让该建筑充当了周围环境中国际式建筑与哥特式建筑的过渡或中介，而且既使用了现代建筑的要素如带形窗，又使用了传统建筑的记号如两层楼高的纵向玻璃窗和伊丽莎白风格的细部，让传统和现代碰撞。室外一个小广场上，文丘里还特地设置了一通简化了的中国石碑，让中西两种文明进行对话②。胡应湘堂还具有另一幅面孔。在它的一个带入口的立面上，文丘里用白色和灰色装饰材料铺设了一幅脸谱似的面孔。这个卡通风格脸谱的存在使得这个位于高等学府中的建筑物具有了一种幼儿园或迪士尼的味道。

另一位后现代主义建筑师查尔斯·摩尔③最有影响的代表作可以说

---

① 文丘里（Robert Venturi，1925-　），美国后现代主义建筑师的代表，毕业于普林斯顿大学，1957年曾在宾夕法尼亚大学和耶鲁大学任教。其代表作还有宾夕法尼亚胡桃山上的"文丘里住宅"（1969）、费城退休老人公寓（1960-1963）、英国伦敦圣斯伯里国家画廊（扩建部分，80年代等）。他的建筑思想表达包括《建筑的复杂性和矛盾性》（1966）、《向拉斯维加斯学习》（1972）等。

② 因为胡应湘堂是香港实业界名人胡应湘捐赠母校的一座多功能馆，所以有与东方的联系。

③ 查尔斯·摩尔（Charles Moore，1925-1993），美国后现代主义建筑师的代表，毕业于密执安大学。1956年在普林斯顿大学获硕士学位；1957年在该校获博士学位。后在多所大学任教，1975年成为加州大学教授，并有自己的建筑事务所。其代表作还有位于圣巴巴拉的加州大学教工俱乐部（1968）、位于圣克鲁兹的加利福尼亚大学克莱斯基学院（1973）等。

美国新奥尔良市的"意大利喷泉广场"（1974—1978）。摩尔喜欢作建筑"群"的设计，建筑体量也要大得多。这个大圆形广场被嵌入一些色彩丰富的老货栈和普通的玻璃高楼围合的街区里。一系列弧形的柱廊错落地环绕着广场，向人们展示了全部五种西方古典柱式。这些柱头、拱券、柱顶被漆上各种颜色，夜晚的柱廊会闪烁出诱人的灯光。诙谐的摩尔甚至将自己的头像塑在额枋上，嘴里吐出细细的水柱。广场的中央不仅有不同颜色的大理石铺成同心圆的图案，而且有一组按意大利地形不同等高线设计的水池。广场的中央是"地中海"，泉水从高高的"阿尔卑斯山"上分别三条"河流"注入"第勒尼安海"和"亚德里亚海"。海的中心则是"西西里岛"，它隐喻着本市的意大利移民大多与这个岛有着难以割断的联系。每年特有的庆典活动上，新奥尔良市的市长要在这里向意大利裔的市民致以节日的问候。对意大利广场有着截然不同的评论。有人说它是一处杂乱疯狂的景观，是对古典主义的糟蹋；而另一些人看到它给市民带来的欢乐、浪漫和亲情，称之为"多年来美国所有城市中最有意义的广场"（戈德伯格语）。

后现代主义留下不少惊世之作，其内部也可有进一步风格划分。但它在西方据说已经"过时"。我们姑妄听之。然而我们更看重的是它强调了建筑作品也是符号，也是艺术，也需要有明确的文化表达。这里说的表达甚至已经超出了维特鲁威所说的"美观"。它们不仅具有形式美（或戏谑、怪诞），而且有对场所文脉的尊重，有对城市及市民历史的自主评价。其实后现代建筑还不仅有后现代主义一个派别，所有这些后现代派别的代表作都提高了所在城市的知名度，为所在城市带来特殊的美誉。因此我们要肯定它们的历史地位。

（二）批判的地域主义

对后现代主义建筑，现代主义的建筑理论不以为然，觉得它们只是昙花一现，甚至玩世不恭。但是，在与后现代主义各种派别竞争的过程中，现代主义的代表人物要谈论地域主义问题了。他们的意思是现代主义从来不反对建筑的地方性特征。更进一步,他们区分若干地域主义,强力推出一种可以称为"批判性地域主义"的理论。这里我们的样本是亚历山大·楚尼斯和利亚纳·勒费夫尔合著的《批判性地域主义——全球化世界中的建筑及其特性》[①]。

本书的第一部分是两位作者分别撰写的主题文章:先是楚尼斯的"介绍一种当今的建筑趋势——批判性地域主义和体现独特性的设计思路",然后是勒费夫尔的"1945年之后的批判性地域主义——作为现代主义建筑的组成部分"。两篇文章的副标题都突显观点。而有意思的是两篇文章都通过回顾现代建筑史的方式来说明自己的意图。

两位作者的意思是,现代主义本来就是地域主义的,悲剧在于一是它很快被国际风头很盛的国际式风格淹没了;二是地域主义的概念被希特勒的"故土地域主义"("祖国建筑")剽窃盗用了。这可真是鸡飞蛋打,两手空空。但这样一来,问题就该是重写建筑史了。

现代主义或国际风格当然也有它们的理想类型。理想类型是一种概括,与它们的起源并不重合。但地域主义不能成为现代主义的替代物。如果用地域主义做现代主义的理想类型,不仅会搞乱人们的概念系统,更为重要的是,两位作者都强调,地域主义的表现形式多种多样,只有批判的地域主义才是他们的目标。但是这两篇文章实在是非常专业,言

---

① 中国建筑工业出版社2007年中译本,以下简作《地域主义》。楚尼斯(Alexander Tzonis)和勒费夫尔(Liane Lefaivre)是一对著名的荷兰教授夫妇,有不少共同的著述,如《古典建筑:秩序的诗学》(Classical architecture: the poetics of order,麻省理工大学出版社,1986)、《1968年以后的欧洲建筑》(Architecture in Europe since 1968: memory and invention,纽约里佐黎出版社,1992)、《1960年以后的北美建筑》(Architecture in North America since 1960,波士顿巴尔芬奇出版社,1995;第三作者为理查德·戴尔蒙德)等。楚尼斯自己的著作还有《柯布希耶:机器与隐喻的诗学》(Le Corbusier: the poetics of machine and metaphor,纽约世界出版社,2001)和《荷尔默斯和精密思维机器》(Hermes and the golden thinking machine,麻省理工大学出版社,1986)等。勒费夫尔独著及与楚尼斯合著但署名第一的著作也有很多。

之凿凿，自有一番道理。

（1）多种多样的地域主义。按照楚尼斯的说法，地域主义同时也是现代主义的建筑也是对欧洲专制君主制度反抗的一部分，这就是起源于英国的"如画的"地域主义。"政治上的反对专制主义的倾向和美学上的反对古典主义结合到了一起。"[①]而且他们觉得这种不拘礼节的"另类"地域主义和中国的山水画、山水诗的境界很接近。这反映了近代欧洲民族主义和民族学的影响。接下来就是德国浪漫主义尤其歌德的影响，那是一种对家园的回忆，"对过去时光的想象"。后来拉斯金（英国）和普鲁斯特（法国）也参与了以建筑为例对这种情怀的渲染。再后来，是"用于商业和宣传的地域主义"。"这是一种针对那些'陌生人、游客、猎奇者'的浪漫地域主义。……与普鲁斯特精巧细腻的文字描述恰恰相反……它们提供了一剂减轻时代变迁之痛的廉价药方，这是一幅由场所、立面等等碎片拼凑而成的幻影：一个由外界营建出本源气息的面具。"[②]这指的是19世纪后50年开始的国际博览会和后来的迪士尼乐园。然后又有了极为庸俗的"民族建筑"和"祖国建筑"，即希特勒德国的"故土地域主义"。然而再接下来，出现了美国人刘易斯·芒福德[③]，他"重新定义了地域主义的原则"，"使之脱离惟利是图的商业目的与狭隘跛

---

① [荷]亚历山大·楚尼斯、(荷)利亚纳·勒费夫尔：《批判性地域主义》，王丙辰译，中国建筑工业出版社，2007，第6页。

② [荷]亚历山大·楚尼斯、(荷)利亚纳·勒费夫尔：《批判性地域主义》，王丙辰译，中国建筑工业出版社，2007，第9页。

③ 芒福德（Lewis Mumford,1895-1990），美国著名城市规划学家。上世纪50年代任宾夕法尼亚大学城市规划教授，60年代到加利福尼亚大学和威斯雷因大学任教。他的贡献和影响远远超出城市设计和城市规划领域，延伸到了哲学、历史、社会、文化等诸方面。他一生写过30多部著作，上千篇论文与评论。著名的《城市文化》（1938）一书是其系列丛书《生活的更新》的第二部，其余几部分别是《技术与文明》（1934）、《人类的状况》（1944）和《生活的管理》（1951）。

扈的沙文主义","以对抗纳粹"①。正是从芒福德开始,"批判的地域主义"登场了。

（2）芒福德的批判的地域主义。在楚尼斯看来,好的地域主义即批判的地域主义建筑像是从土地中生长出来的一样自然,与环境相契合,使用当地的材料和工艺,有利于再造地方性政治,唤起民族之魂……。所以,"我们建议用'现实主义'来取代'地域主义'的意义。因为抹掉're-"gion"-alism'的中间部分,就变成了'Realism'。"②楚尼斯还说,加在地域主义之前的"批判的"一词（critical）是取康德哲学之义,"以区别于普遍意义上的'地域主义',以及曾使用过的多愁善感、带有地方偏见而稍缺理性的'地域主义'"。③

勒费夫尔主要勾画批判的地域主义在战后美国的发展史。"二战"后美国在世界上崛起,取得了霸主地位,其城市建设也进入了起飞期。国际式风格的建筑在美国如雨后春笋,联合国总部大楼就是其早期代表作。这里有些"吊诡"的是,美国的现代主义或国际式建筑恰好可以被人们认作是美国式的"地域主义",因为它代表了"大趋势"或"普遍性"。因此美国真正的"地域主义"既要批评那种服务于商业目的的伪地域主义,也要批评美国向国际上输出意识形态的伪地域主义。美国人曾明确地把驻各国的使领馆当作"美国政府的名片"设计,"为自己在国外树立'正面形象'"④。在美国,地域主义的界定更为复杂、困难。

勒费夫尔把芒福德视为批判的地域主义的旗帜。这首先是因为芒福

---

① [荷]亚历山大·楚尼斯、[荷]利亚纳·勒费夫尔:《批判性地域主义》,王丙辰译,中国建筑工业出版社,2007,第10页。
② [荷]亚历山大·楚尼斯、[荷]利亚纳·勒费夫尔:《批判性地域主义》,王丙辰译,中国建筑工业出版社,2007,第2页。
③ [荷]亚历山大·楚尼斯、[荷]利亚纳·勒费夫尔:《批判性地域主义》,王丙辰译,中国建筑工业出版社,2007,第2页。
④ [荷]亚历山大·楚尼斯、[荷]利亚纳·勒费夫尔:《批判性地域主义》,王丙辰译,中国建筑工业出版社,2007,第18、20等页。

德是美国较早提倡地域主义的建筑理论家，向自己国家的"国际式风格"发难。更重要的是他在对各种地域主义主张进行仔细辨识的过程中，自己也通过批判不断深化自己的认识。芒福德最终从以地域性对抗全球性的简单主张走到了一种全球化背景下保持地域特色的多元论的立场。勒费夫尔说："它所批判的不仅是全球化，也是地域主义本身。我们第一次目睹了长达一个世纪之久的地域主义运动的突变"①。

  理论总需要后人不断地提炼。芒福德的批判的地域主义被勒费夫尔归纳出5个特征：①批判的地域主义主张对当地传统建筑材料进行取舍和改造；批判的地域主义建筑决不是对传统建筑的简单仿效。芒福德说："由于一种文化对其环境的适应是一个长久、复杂的过程，那些完全绽放的地域特色是在最后才显现出来的。"②②批判的地域主义主张城市规划要能成为"一种政策指导下的经济和社会的规划"，而不是简单地"回归自然"和绿地、公园的兴建。③批判的地域主义以高度赞赏的态度思考技术创新带来的新文明，而不是对机械制造时代下意识的拒斥。在1927年出版的《美国人的建筑方式》一书中，芒福德讨论了"繁忙城市"的规划，重点落在了极其现代化的交通基础设施的安排上。④批判的地域主义主张社区在城市发展中应该起到核心的作用。社区不仅是遮风避雨，而且是要能展示市民的理想和意志。同时，社区应该是"多文化并存的"。芒福德在其《夏威夷报告》中把当地描述为多元文化共生的城市，它由波利尼西亚人、华人、日本人和不同的西方白人组成，他们使那里成了"一个重要的文化融合的试验基地"③。⑤批判的地域

---

  ① ［荷］亚历山大·楚尼斯、（荷）利亚纳·勒费夫尔：《批判性地域主义》，王丙辰译，中国建筑工业出版社，2007，第23页。
  ② ［荷］亚历山大·楚尼斯、（荷）利亚纳·勒费夫尔：《批判性地域主义》，王丙辰译，中国建筑工业出版社，2007，第24页。
  ③ ［荷］亚历山大·楚尼斯、（荷）利亚纳·勒费夫尔：《批判性地域主义》，王丙辰译，中国建筑工业出版社，2007，第26页。

主义主张在"普遍性"与"特殊性"、"全球性"与"地域性"之间建立一种微妙的平衡,而不是将地域主义视为抵御全球化的一件工具。这种建筑思想认识到:"任何一种文化都必须作为'其自身'的同时,又超越'其自身';它必须了解它自身的局限性,同时又必须超越其局限性;它必须面对全新的经验,而又必须维持其自身的完整。在这一点上,没有一门艺术能比建筑体现得更为集中了。"①

楚尼斯和勒费夫尔的建筑观显然是博大而精细的。但这样界定的地域主义与人们对建筑上的现代主义或国际式风格的理解或印象已相去甚远。如是批判的地域主义完全可以被视为针对国际风格现代主义的一个后现代选择。应该说,楚尼斯和勒费夫尔的观点更学术化,更像建筑师的想法,尽管他们援引康德显得有些迂腐;而文丘里或詹克斯等后现代主义建筑师的声音更激进,更像艺术家的宣言,甚至有些玩世不恭。在两种理论当中我们暂时不希望进行取舍,我们要听不同的声音。我们更希望找到一种协调两种意见的途径。两种意见争论的焦点似乎是这样:一、要不要表达,建筑物是否也是一种艺术符号?二、究竟什么是(建筑上表现出来的文化)地域性?我想如果一座建筑如果是完美的地域主义的,那么它很可能同时是后现代主义的;反之亦然,一座不仅是"外壳"而且在"骨子"里是想和历史进行对话的后现代主义建筑也同时是一座批判的地域主义的建筑。事实上,有些后现代主义建筑学的著作,就把地域主义尤其批判的地域主义拉到自己的队伍当中②。进而我们想

---

① [荷]亚历山大·楚尼斯、(荷)利亚纳·勒费夫尔:《批判性地域主义》,王丙辰译,中国建筑工业出版社,2007,第27页。

② 后现代主义建筑理论大师查尔斯·詹克斯和卡尔·克罗普夫编辑过一本《当代建筑的理论和宣言》。其中在"后现代主义建筑"名目下收录了肯尼思·弗蓝姆普敦的《关于批判地域主义:保守建筑的六要点》中很小的一部分,而其中对批判地域主义似乎做了最大可能的肯定,而这里提到的一篇文章刚好就是楚尼斯和勒费夫尔撰写的。见《当代建筑的理论和宣言》,中国建工出版社2005年中译本"目录",及第92-95页。

说，即使是不能被批判地域主义接受的后现代主义建筑那张与建筑结构有些脱节的"壳"是否也是在满足某种社会需要，具有相应的功能？反之，一座地域性建筑可能仅仅是在较低密度上、较少反思地满足了传递地方文化或传统文化的要求，那么它就不算与历史进行一场持久的对话了吗？因此在现实中，各个具有某种后现代风格的建筑大多是处在社会性与艺术性之间，二者间有缝隙，有张力，而这个空间正好是文化批评和文化创新的区位：太靠近社会公正的要求、太务实，艺术（未来、理想）看不见；太靠近艺术，则太激进，成了乌托邦，成了"壳"。在当代社会当中，文化研究可以涉及从价值观、高雅艺术到生活方式、传媒、娱乐、旅游观光乃至大众文化等多个区域。文化的焦距并不是十分精准而清晰的，总保留了某些模糊性。我们只能两者都要，在太少表达、苍白的地方要后现代主义；在太多喧闹和华而不实的地方，要批判的地域主义。当然除此之外，还有一些当代建筑思潮或规划理论也需要借鉴。

简短的结语

讨论到这里，我们发现建筑师们的美学不仅为景观建筑学补充了细节，而且与佩茨沃德的美哲学相遇了：他们也在讨论建筑物、城市景观的文化蕴含，也要求以人的名义对建筑展开批评甚至批判，希望将城市人的社会存在状况、社会关系与互动体现在建筑和建筑标准中。而有了对具体建筑物进行评价的标准，对大尺度城市景观开展批评就不再是不可企及的了，它们成了景观建筑学的技术延伸。我们讨论的三种资源已经会师。我认为，有这三种理论资源，打造一个适于开展城市批评的综合性、跨学科的景观美学理论系统也是大至完备的了。它的基础是一种现象学、批判性及有后现代特征的符号哲学，满足我们对基本价值尺度的要求；在一个拒绝了形而上学的时代给人们一个经过深思熟虑的出发点。中间有与城市相关的社会学（民族学）、政策学（政治学、经济学）、文化学（传播学、艺术学）的层级①，让人方便好有深度地切入城市的现实及其历史，通过城市的外观了解它下面的蕴含。最高层是城市及建筑批评的具体方法和价值指标体系②，提供对建筑或城市景观进行"深层精神分析"的专业技能，会使我们建筑及城市景观的批评更具有行家里手的眼光或使用更多的"行话"。当然它也可以为我们不时进行的"读城"活动提供基础导游服务。

另一方面，我们所谓当代城市景观美学并非这几种美学资源的简单相加。我们注意到这几种不同的城市景观理论之间还有着不小的差异。例如从符号学的角度看，批判性地域主义的典范作品所表达出来的地方性与后现代主义典范作品所表现出来的地域性不是一种内含。前者（起码在芒福德意义上）的地方主义主要是建筑材料工艺、建筑功能形式的地方及社会适切性的外观显现；而后者则要求附着在建筑物外立面上明确的文化内容表达。而且后者的表达一是有对传统文化的批评，而不是简单的复制；二是有对周围建筑的参照和评价，它不是自足或仅仅自我关涉的。又如到底什么是城市景观，恐怕不仅宏观的城市文化哲学家和微观的建筑设计师有（或没有）自己的理解，而且不同的景观建筑学家也会有各自内心的尺度。显然这些问题都需要在更加系统的城市景观美学思考中给予进一步分析和安排。

当代消费文化研究者费瑟斯通（M. Featherstone）注意到："文化这个词有两种含义：作为生活方式的文化；和作为艺术的文化（高雅文化）。……这两种意义上的文化的界限已经是很模糊的了。"③这个话恰好是在谈及城市文化时说的。而我们注意到，城市生活（urban）总是更高雅的（urbane），城市性和文雅应该是一个意思（urbanity）。

---

① 佩茨沃德所说第二类和第三类人的城市主义属于这一层面。
② 佩茨沃德所说第一类人的城市主义属于这一层面。
③ 费瑟斯通：《消费文化与后现代主义》，刘精明译，译林出版社，2000，第139页。

城市化进程与城市景观设计实践的兴起[①]

一、城市是什么？

在汉语中，"城（市）"的意思来自"成"，即成就、成功。城市是人类生存及其物质文明的集大成，昭示了人类个体间合作并共同生活的最高成就。从复杂性上说，城市设计实践可与处理全部符号产物的哲学家相媲美[②]，城市景观就是哲学体系的美学实践与艺术展示；城市赋予哲学可见性。

城市是人的文化创造的集中体现，是人通过实践，从自然中自我提升所打造的基本存在场所和环境。人是社会性存在；城市就是真正社会的诞生地，是人高密度集聚、相互合作、靠制度构建与创新得以共同生活、走向未来的基本存在方式。城市社会学家肖特曾说："我要赞美城

[①] 本文作为2017年云南大学东陆书院高层学术研讨会的发言，修订后收录于施惟达主编：《城市化与文化论集》，云南人民出版社2018年8月版。

[②] 哲学家（群体、学科）处理符号与观念，所谓坐拥书城。符号也是都市般庞大体系构造。中国思想家则更可以较方便地通过对中国文字的历史分析（还原），通过找出最主要的一批象形文字（尤其那些偏旁部首）和（形声、会意乃至假借等）造字规则，理解中国人原初的哲学世界观。中国文字被认为是表意的，换句话说就是携带原始内容的，而不是通过表音（元语言化）而将内容最大限度地筛除（悬搁）了。眼下没人知道汉字体系是谁或哪个小群体构建的，但分析地看，似不仅仅是无意识或集体在使用中的"约定俗成"，并那么任意（与表音文字相比更是如此）。一批基本字符显然具有意义及其表达的系统质和相关性（对举、比照、生成等）。只是文字学家并没有或干脆忘记了这个根本的研究目的，哲学家又缺少文字学、音韵学的技术。如果这样做可以将儒家的学说理解为努力将被帝王遮挡住了的"天"（既是自然意义上的天也是神）揭示出来，只是这里神的意思（光芒）比较弱，只体现为有差等（不断衰减）的家庭伦理或稍扩大的家庭伦理而不是普遍伦理。同时哲学家也可以读城，将城市当作符号系统处理。

市";因为城市毕竟反映出"人类借以创造文明生活的集体合作能力"①。人们的合作是通过对话达成的;人们的所有创造都具有表达的性质,因此城市本身就是每天都在给出新消息的最大媒体。城市是自身文明的符号记录系统;城市可以阅读。在城市和对城市的阅读中,人也逐渐成为真正的个人;同时将城市建成通往未来的"通天塔"。

  本文赞赏城市,并不等于倡导没有限度的人本主义。人永远有对自然的依赖。城里人掌握了最先进的技术,但他们对未来也没有十分把握,一切取决于人的探索与设计。未来就像"神"一样面目朦胧。虽不使用"栖居"这样的概念描述人的历史性存在,但如果可以借助或挪用哲学家海德格的说法,我愿意给出城市与"天地人神"这四重要素的关系的说明②。我们所谓"天"就是指自然。自然不仅包括城里人须臾不可缺少的阳光、空气和水(即一般所谓的环境或自然生态),也包括他们所有的建筑装饰材料。他需要利用好自然。"地"则代表了农业文明。城里人从农村连根拔起,但他永远需要田野的产出。实际上城市是通过自己的经济对农村经济乃至农业文明予以统领。城市尤其大都市一定是特定区域的中心,对周边具有巨大的辐射力③。"人"在这里是指人与他人的关系。合作总是在两个以上的人之间展开的。人际间在城市里的合作要靠制度作保障,尤其是以法律的形式确定下来的制度。这种制度也不是无缘无故产生的,它是人们在交往斗争中逐渐形成的。人际关系还要照顾到历史的维度;人们要在历史这面镜子里照见未来。而"神"则

---

  ① 约翰·伦尼·肖特:《城市秩序:城市、文化与权力导论》,郑娟、梁捷译,世纪出版集团、上海人民出版社,2011,第6页。
  ② 海德格对所谓"天地人神四方合一"有自己特定的含义和解释。严格地说,他把人称为"终有一死者";他说的神也是复数的,即"诸神"。兹不论。这里仅借用之并给以类似的表述。
  ③ 参见约翰·伦尼·肖特:《城市秩序:城市、文化与权力导论》,郑娟、梁捷译,世纪出版集团、上海人民出版社,2011,第17、26—27页等处。他引用了美国著名城市学家简·雅各布斯的观点,并总结说:"农业革命与其说是城市成长的动因,不如说是后者的结果。"

意味着人永远的奉献和前瞻，意味着人们的价值信仰。城市中会有越来越多的公共机构、越来越多的艺术供奉。这是与阳光不完全一样的另一种天光。凡是对文化和艺术进行毁灭的时代都是疯狂的，都是对城市文明本身的破坏。城市建设或设计必须处理好这四方面的关系，否则就会遇到麻烦，发展也难以持续。

上述对城市的界定是社会学而非形态学的。但这样的界定给了形态学意义的城市研究以一种尺度。形态学意义的城市是人类个体集聚生活的载体即居所。应用社会学的尺度我们才知道什么样的城市形态是好的，并且要在城市形态塑造时有意识地满足它，彰显它。社会是形态的内容。因此通过城市形态实践落实这些社会学的界定或思考就是对城市设计的深层要求。这种设计是没有止境的。但这里我们特别要问，建筑可以由一位建筑师设计，而城市尤其现代城市、这种已经建设了几百年以至于更久的城市却不可能是由一位或少数建筑师来设计的。那么是谁并且如何进行设计呢？本文希望结合城市设计的历史对这个问题做一些讨论。

常言道："罗马不是一天建成的。"人们往往将城市和文字的出现作为人类各种文明形成的起始点；而城市史的经验考察让人感到城市的历史各有千秋，难以找到统一的模式。更何况，城市设计和城市社会学领域已经有了许多专门的研究。我们如何可能找到城市化的一条特定线索呢？不时常进行回顾和梳理，就看不到城市发展的趋势和方向。我们希望从上述城市观出发，对城市发展的历史做较大尺度的勾画，进而推动我国城市设计学科的发展。

在东陆书院去年举办的论坛上，我曾简单讨论过"一带一路"建设实施过程中应重视新疆兵团城市建设的问题。成文期间我提到关于人类城市发展"三阶段"的看法，即人类的城市普遍经历了从"孤城"到"密城"再到"宽城"的历史进程①。这就是我所谓城市三段论。这里对这个三段论做进一步展开，进而讨论城市设计思想的发展趋势。

二、"孤城"：城墙的故事与当下象征

如果城市是社会成员高密度聚居生活方式的载体，那么前现代的那些皇城、王城、宫城只是徒有其表。"一片孤城万仞山"是前现代文明一个极为苍凉的意境。它表明最终那都是一个人的城市，是些作为单体建筑存在的雄伟古城，是孤家寡人之城。高大的城墙是其主人强势而孤僻的写照。汉语中"城"与"市"本不组合使用；城与池组合，在城外形成一带负像，使城成为双重的，更凸显其主人内心的恐惧。城（墙）从一开始就被认为是封闭的，因此它的门称作阙（即缺口）。而"市"则是商品交换的地方，通常远离城池。"市"的写法（冂）表明它是开放的。与市结合而成的词语城市本质上是不诉诸城墙的。城市的发展是从城墙被撑破开始的。

人注定是社会的存在。那个孤家寡人也需要有人侍奉，不仅是其家人，而且要有臣民、奴仆、兵士、工匠、商人和倡优。当年秦灭六国后，拆除了别国的城墙，并将六国的大户统统迁到咸阳附近，使咸阳成为当时"天下"唯一的都城，但这也反映出那个孤家寡人内心深处极度的不自信。于是城的外面还要建有"郭"，即所谓"筑城以卫君，造郭以卫民"。郭内之人成了城与郊的中介、帝王与百姓的中间人、双面人。那个孤独的人对这些中间人将信将疑，内心纠结。因为他们之间是不能充分沟通的。于是这种制度会让城墙一圈圈增加。明清时的北京最终有了

---

① 参见章建刚："建城戍边：新疆兵团城市如何建成'先进文化示范区'——兼论其与'一带一路'战略实施的意义"，载《思想战线》，2017年第1期；又载《"一带一路"与大国文化论集》，施惟达主编，云南人民出版社，2016，第203—225页。

宫城、皇城和内外两层的都城；宫城内也还有高墙重重。一个金字塔或者俄罗斯套娃式的等级社会就此构建完成；它的伦理体系被物质性的京城形态充分展现出来。但这种制度的结局也就此到来。如果我们暂且忽略早期历史中的城市体系及首位性的问题，也暂且忽略某些商道上可能形成的小城镇，那么世上各主要城市的发展趋势就都大致如此。

从很早的时候起，这样的城市就是有规划和规划原则的。中国先秦时期就有流传的《周礼·考工记》一书记载了"匠人营国，方九里，旁三门，国中九经九纬，经涂九轨，左祖右社，前朝后市"等相关内容。但这种规划相对简单，只要应用地质水文知识进行选址，再予以区位功能平面划分即可[①]。我把它理解为一座单体建筑，而不是城市。非社会不城市。

文化间的相互依赖是根本性的。发展过程中人有日益增加的各种需求要由商人来予以满足。人与人之间最终要用语言沟通，哪怕是言不由衷的讨价还价。于是市场逐渐向城郭靠拢，商人逐渐向城内集中，不同文化开始融合。最终，市场、城市中间部分的发育撑破或挤垮了内城（宫）与外城（郭），"城"选择与"市"站在一起，而离弃了"池"。宫城的主人被废黜；宫城本身转型成为现代市民社会各种公共机构（如博物馆）。《说文解字》说"商"是"从外知内也"[②]，真是先知先觉、一

---

① 据记载，中国汉代长安城是在杨城延"主持"下建造的。他是个经验丰富的"军匠"。但长安城的城墙则是在宫殿等造好后，在武帝之后的惠帝时期三次发动民工用冬闲时间筑造的。隋唐时，宇文恺先后规划了大兴、洛阳两座都城，也都是先建好宫城和皇城。见董鉴泓主编：《中国城市建设史》，中国建工出版社1989年版，第23、35、45页等处。另外沈玉麟在其编著的《外国城市建设史》（中国建工出版社1989年版）中也提到："（当时）城市的规划结构仅考虑平面的两度空间，未建立三度空间的概念。仅是划分地块，卖给建房者，未要求城市立体构图与各个街坊间房屋的连续性与统一性。"（第108页）

② 〔汉〕许慎撰、〔清〕段玉裁注：《说文解字》，上海古籍出版社，1981，第88页。

语成谶。

然而今天世界各大城市尤其那些有着悠久孤城历史的都市，在经过了"密城"阶段又反过来竭力保护已经被撑破甚至废弃的残垣断壁，这是一种什么心态或需求，仅仅是怀旧吗？不，失去了实际功能甚至具有一定负面作用的老城墙已经过修整而充分符号化，已转变为市民地方认同及其优越心理的表征；也在全球城市网络的竞争中表达了其誓夺先机的勇气。城墙已不再意味着阻隔和拒斥，高创造性的地方传统需要把这些孤独的遗迹组合到今天的城市景观中来，用以凝聚人心。这说明人因其符号性特征而可能成为历史性存在；这时历史也是面对未来的。

三、"密城"：工业化动机与城市病的产生

"孤城"是城市发展的"史前史"。而需求的增加、所有人向所有人提供需求的满足是人发展的标志，也是城市史真正被启动的缘由。社会的城市始于城市化进程。但在起初，这里的人与人又是相互陌生、不知其由来的。他们聚在一起，又因竞争关系而相互保守秘密，首先是私有财产的秘密。城墙围合起来的孤城虽然被撑破、摊开了，但又成为一座座密不透风、相当冷漠的私密之城，它在内部膨胀，向天空生长。

城市的缘起和城市化进程不可同日而语。城市对人有吸引力，但城市生活有较高的成本。人口大量向城市迁徙即城市化的进程起因于大工业的兴起。工厂集约化的生产需要大量的人工，劳动力的买卖也为农村人口进城居住提供了基本的支付能力。

研究者说："将'城市化'这个术语限于'过去两个世纪中工业和技术革命的空间范围'已经被证明是合理的。"[①] 城市化意味着人口向

---

① 利奥·雅各布森等编：《城市化与民族国家发展》，第一卷；简·德·弗里斯：《欧洲的城市化：1500-1800》，朱明译，商务印书馆，2015，第5页。

城市集中以及城市规模扩大和城市数量的增加。网上有数据称,在200年前的1800年,全世界的城市化率仅有3%;到1850年时达到7%;1900年到了15%;而2000年,全世界的城市化率达到48%。这些数据似乎偏高。英国城市社会学家肖特认为:"1900年,差不多十分之一的人口都住在城镇里了",而"到了1990年,全球人口53亿,其中十分之四都住进了城市,人口大于50万的城市数量也猛增到将近600个"①。据布朗等人的研究:"1920年的统计显示,美国历史上第一次出现了城市居住人口多于农村居住人口的现象。"②总之,1800年前的城市史与城市化没有多少关系。社会学家认为,城市化进程有三个衡量指标:首先是特定区域的人口在相对集中的时间里较快向城市里集中;其次要出现与此前乡间生活所不同的生活方式甚至是行为与思维方式;第三是形成新的社会结构(也被称为"结构城市化"③)。按这样的标准,大型工矿企业所在地、"大学城"未必可以称作或只是比喻性地被称作城市。

城市化由工业化带动,但城市设计并没有跟上。事实上,最初的城市规划除了对地形水文等的利用之外,只有对道路及功能分区的平面规划。城市没有长远规划,没有人知道作为一个整体城市将怎样发展,尤其是在工业迅猛发展、城市化进程不断提速的时候。毕竟,人与人之间的沟通还十分有限,人的前瞻性有限。因此城市化是与城市病同时发作的。

工业的兴起不仅污染了城市的水源和空气,还造成贫民窟滋生、卫生状况恶化、疾病蔓延、交通不畅及社会动荡。财富的增长造成阶级的

---

① 约翰·伦尼·肖特:《城市秩序:城市、文化与权力导论》,郑娟、梁捷译,世纪出版集团、上海人民出版社,2011,第43页。
② 布朗、迪克森、吉勒姆著:《城市化时代的城市设计》,美雪松、陈琳、许立言译,电子工业出版社,2012,第42页。
③ 简·德·弗里斯:《欧洲的城市化:1500-1800》,朱明译,商务印书馆,2015,第13页及前后。

分化，城市四分五裂，市区多次筑起街垒。恩格斯在19世纪40年代写作的《英国工人阶级状况》一书就记录过当时英国各工业城市中工人阶级极为恶劣的居住条件。实际上，只是随着城市社会结构的变化和公共部门的发展，对整个城市形态予以关注的城市规划学科才在20世纪初的西方诞生了。换句话说，人类总是事后才变得聪明。城市病严重到城市难以为继的时候，规划学才作为一门治疗性学科登上历史舞台。

城市化最直接的后果就是郊区的出现和蔓延。汉语当中，"郊"是与"野"相联系的，与"城"相对举。正所谓"距国百里为郊"，"国"即是城；"郊"则"五十里为近郊，百里为远郊"。"郊"还被书作"蒿"即荒草丛生、坟茔遍布之地①。但人们蜂拥进城，城市并没有做好准备，于是便在廓的外面即郊区暂住。廓也被撑破之后，郊区的面积迅速延展，形成了宽阔的城乡结合部。但郊区只是城市无法掩饰的尴尬。

郊区化指的是两种情形：通常是贫困居民住在棚户当中，由于基础设施缺乏而居住条件、卫生状况恶劣。郊区化也是由铁路和公路暨通勤系统以及大型超市的出现促成的，职场员工每天要花大量的时间在交通上，其中有很大部分是堵在路上。只有在美国，出现了另一种郊区化（suburbanization甚至exurbanization，也被叫作"逆城市化"）的情形，即中产阶级从大都市中心迁出，希望以交通成本置换住房成本。其实这样的郊区仍然是有缺陷的，体面但缺少趣味。毕竟郊区没有重要文化设施。并且郊区面积的不断扩张也不符合人们城市生活的目的，还严重挤占了本该保留的自然或乡村景观的疆域。

城市化带来的病症早就被新的城市管理者所感知，但囿于自身的利益及财政制度、社会治理结构的缺陷，一些主要问题不能得到解决，规划学家的空想也无法实现。早期关于城市规划治理的方案主要是改善城

---

① 许慎撰、段玉裁注：《说文解字》，上海古籍出版社，1981，第284页。又《尔雅》说："邑外为之郊，郊外为之牧，牧外为之野，野外为之林"等，转引自董鉴泓：《中国城市建设史》，中国建筑工业出版社，2004，第11页。

市交通；对城市功能进行区域划分，将生产、居住、商业、行政等功能安排在不同的方位，在改善工人阶级住房条件的同时也扩大了社区间的贫富差距；强调公园尤其大面积绿地对城市美化的重要性；改善城市街道照明和给排水系统等等。但城市规模继续扩大，这些理论不但不能解决问题，而且明显暴露出自身的缺陷。城市规模较小时的解决方案到城市变得更大时恰好成为错误的方案或不适用的方案。例如，城市功能应该有截然的分区吗？在一定规模时也许这样做是有益的，但城市尺度变得更大、人口更多时，分区则使交通时间与成本同时增加，给工作生活带来极大不便。这时到底是应该建设新的城市或新的城区，还是不断让旧城更新？！

显然城市应该成为基本单元的组合。20世纪初及上半叶，城市规划作为一门学科产生过两个经典的规划方案。它们都想重新规划城市。稍早一些的是霍华德的"田园城市"理念（1898年）。今天看这很像是个小国寡民、返朴归真的理想。他希望每个城市规模都不太大，市中心是一个花园，然后同心圆向外铺开依次是公共机构、商业、住宅、学校、工业等，最外层环绕着良田。一个城市的人口一旦达到3—5万人规模，这个城市就不再扩大，人口不再增加。这时要做的是在其附近建设一个新的城市单元。公路和铁路将这样的单元串联起来，形成一个城市组群。

霍华德的城市理念有16世纪托马斯·摩尔等人"乌托邦"思想的影子，因此影响较大。1933年，国际现代建筑协会（CIAM）签署的《雅典宪章》[①]主张城市建设要有总体规划，并且按居住、工作、游憩的功能分区并以公共交通连接。这大致体现了霍华德的理念。但霍华德这种理念回到现实中，不能解决已经膨胀的大都市问题，至多是做成了一些新的郊区。

批评者认为，霍华德的城市理念带有反城市化的倾向。都市生活

---

① 实际到1943年才正式对外出版。

精彩纷呈,而城市不断变大是经济增长的要求,并且是城际竞争(即城市网络及首位性等)的要求。小国寡民的方案是不现实的。稍晚些的第二种理论、法国现代主义建筑师柯布西埃提出的"光辉城市"(the radiant city[①],1933年)理念则从根本上说是赞成城市在高密度基础上发展的。柯布西埃认为,城市的商业与交通功能虽然会老化,但它是城市功能的根本所在,因此应该通过技术改造加以改造、完善。同时城市拥挤问题则需要靠增加居住密度,即建设摩天大楼的方式解决。这样虽然楼内居民数量增加,但城市建筑密度降低,既腾出大量空间用于绿化、健身,又可保障通风、采光。城市交通也可以立体化,在楼宇间行走。加之这一时期新的建筑材料钢铁、水泥和玻璃刚刚大量使用,现代主义建筑风格刚刚流行。因此"光辉城市"的构想让人眼前一亮。

1922年,柯布西埃还写作过《明日的城市》。他关于理想的城市人口的设想比霍华德气魄更大。按这本书的描述,中央商务区有40万居民住在摩天楼里;稍外围的居住带中,60万居民住在多层联排板式楼宇内;最外围还有200万居民住在花园住宅里。但这个设想仍难以施行,而且300万人口的限度很快就被突破了。至于柯布西埃彻底改造巴黎的规划我们最好暂且不提。因为今天人们更赞赏于斯曼规划的新古典主义巴黎。柯布希埃的规划思想在一些发展中国家首都或新城规划中有过不俗的表现,但这些城市的规模很快就超越了规划的边界。

城市规划学科的根本问题是总想从头做起,希望先产生一座理想城市的蓝图,希望在一张白纸上作画。而城市(或城市化)似乎注定不能从头开始规划。密城时代最大的问题在于个人间以及社会团体、阶层、阶级激烈的生存竞争。人们之间不仅空间紧密,而且人人身上长角长刺,大家挤作一团、动弹不得。这正如十字路口四方来车互不相让的拥堵状

[①] 这个西语词在中国有多种翻译,如"阳光城""光明城市""辐射城"等,兹不赘。

况。城市毕竟是经济、社会的载体,各种制度安排造成的政治问题让城市不堪重负,一大批世界性都市、工业城市都经历过"市中心塌陷"的惊扰。特别是在密城时期,城市文化在繁荣的表象下蕴藏危机,乡村生活的伦理无法适用于城市,"道德堕落"成了对城市耳熟能详的指责。无数文学家曾将城市描写成"罪恶的渊薮"。规划学家无计可施了吗?城市需要舒解吗?新的努力方向何在?

四、宽城:向有序的高密度要空间

20世纪两次世界大战不仅对整个人类社会带来巨大冲击,也给西方各主要城市带来程度不同的破坏。战后人们反思社会发展道路和发展方式问题,也努力重建被战争的摧毁的城市。重建是一个机遇,许多深层次社会问题可能连带得到解决。例如"二战"后西方各国政府都动用公共财政大规模启动城市低收入群体住宅项目;注意在城市中建造大面积绿地公园,甚至也在城市核心区域的公共建筑附近建造了一些大型市民广场。这一时期现代主义建筑大倡其道,几何状、无装饰的高层板楼、塔楼从战争废墟上兀自生长,旧城旁更有新城区拔地而起,城市面貌、城市形态都发生了明显的改观。汽车进一步普及,不少城市的交通干道腾空飞架。尤其是"二战"以后,发展中国家的城市化进程也开始了,并且它们的人口增长来得更迅猛,郊区面积更大,各种城市病也更严重。到2015年,世界10大人口最多城市中发展中国家占7席(含中国的北京和上海);发达国家中日本占两席,美国1席,欧洲国家则完全排在后面。这一方面说明城市化是全人类一种普遍的选择,它的进程并不会停止。另一方面也说明传统的城市规划理论需要予以更多的反思和改变,人们可以更从容地在作出调整后继续前行。20世纪后半期,人类文明的核心区域和发达国家大都市都是在和平当中度过的;随着丰裕社会、消费社会的到来,这些城市也通过对话,在社会治理、社会组织和社会结构上进行了不断的调整与制度创新。在这种环境中,城市理论也有了新的思考,出现了不少新的理念甚至学科。这时人们就看到了宽城的希望。

西方国家的城市化进程在工业化时期实际已大致完成,二战后经过一个时期的恢复,城市人口增长的速度已经放缓。因此如何让城市持续、健康发展,综合治理城市痼疾,改善城市人口的生活质量成为其主要任务。现在可以看到城市社会的调整、治理和发展大致表现为下面几个方面:

1. 借技术进步之机,调整收入分配。福特制、流水线推广的同时,工人收入水平有较大幅度增长;而工艺及管理改善造成的生产成本降低又引起了产品价格的降低,从而使城市低收入阶层的购买力相对增长。①

2. 更大的变化来自城市经济结构的调整。曾经引爆城市化进程的"工业革命"逐渐消退,工业生产不仅变得更清洁,而且逐步从主城区移到郊区,而市中心崛起的是高端服务业、知识经济或创意经济。这从根本上改变了城市的经济形态和生产方式,也改变了主城区人流、物流的流量和性质及生活方式。现在世界性大都市考虑的是所谓"精明增长"(smart growth)。

3. 社会关系不断调整。50年代后,西方社会里社会主义思潮有较强表现,推动了社会民主化和福利的改善,各种市民权利不断得到落实,公民素质不断提高。在这个过程中,城市的公共部门对市场的监管不断强化;公共部门的兴起、各种二次分配手段有效减少了贫富差别。同时,城市的政府也受到更多监督,公民社会不断发育,公共服务的效率更高。这种私人部门、公共部门及第三社会部门之间的良性沟通促进了社会和谐。

---

① [美]达尔·尼夫:《知识经济》,樊春良、冷民等译,珠海出版社,1998。按照书中彼得·德鲁克一文所说,1910年前后,美国工人的日工资只有0.80美元,年收入大约是250美元。那时的"医生每年也很少能挣到超过500美元"。而到七八十年代以后,"美国、日本、德国的工人,一星期只工作40个小时,工资就可以达到5万美元,交税后,工资为4万5千美元,这大约是今天美国便宜小汽车价格的8倍"(第54页)。

4. 媒体技术的发展更是促进了社会交往、表达和对话，社会成员间的相互理解不断增加，对文化多样性的容忍甚至主动追求成为时尚。早期英国伯明翰学派的代表人物汤普森、霍加德等人研究了工人阶级自身文化表达的形成，而美国马克思主义城市学家卡茨纳尔逊则进一步说明，上班族如何因为天天使用城市公交系统而推动了工人阶级文化和其他商业性大众文化的发展①。国际性大都市移民人口的存在更强化了城市文化多样性的表达。总之，市民之间在文化表达方面的宽容度更高，兼容性更强。

由于有这些方面的社会转变，城市的形态及内部空间的塑造也发生了诸多变化。虽然城市绝对面积、人口总量和密度仍在增加，但绝对的拥挤消失了，人际关系得到调整，因此城市相对变"宽"了。所谓宽城就是宽阔、宽松、宽容之城。更为重要的是，城市形态建设的主持者、操盘手即建筑师、规划师们的观念与方法都发生了巨大的变化，促成城市设计学的诞生。

早期的城市规划不是独立的学科，建筑师们相信它与建筑设计没有本质的不同，起码二者间没有明显的界限。20世纪30年代柯布西埃等人曾经有过"建筑—规划师"的职业设想。只是到了1956年，西班牙建筑师塞特在美国哈佛大学举办了专门针对城市设计的学术会议。这次会议被认为是城市设计学科诞生的标志②。这时专家们承认，城市规划永远是事后的或作为某种参照系而非实践依据的规划，往往也只能做成某些新型小城镇开发的规划。而大城市已经无法规划，它已经蔓延开来，已经变得复杂、多元、问题丛生，它的市中心甚至已经衰落。因此城市设计现在的目光是聚焦在"衰落的城市核心的再生"；针对"郊区化"，

---

① ［美］艾拉·卡茨纳尔逊：《马克思主义与城市》，王爱松译，江苏教育出版社，2013，第14页。

② 参见布朗、迪克森、吉勒姆著：《城市化时代的城市设计》，奚雪松、陈琳、许立言译，电子工业出版社，2012，第62页及前后。

赛特强调城市的"再中心化"。更有意义的是，此时塞特提倡了一种与现代主义城市建筑设计思想不同的目标，他推崇雅典的卫城、威尼斯的圣马可广场或者巴黎的协和广场等大型城市空间，认为这是一些"步行尺度的、面对面交往空间的范本"①。这是城市建筑单元的核心与凝聚力所在。在建筑技术视角之外，城市设计中文化和社会的视角被敞开了。这样在后来的发展中，城市设计师反过来影响、扩展甚至取代了建筑师的职业地位。

20世纪后半期的城市设计学历程也有两个重要节点。首先是1961年，简·雅各布斯出版了她的《美国大城市的死与生》。用这位城市杂志女编辑的话说，这本书"对正统的城市规划理论做了不友善的评说"②。而她最主要的批评对象就是本文前面提到的霍华德和柯布西埃，甚至美国最具人文情怀的城市学家芒福德也连带"躺枪"。她批评二者的乌托邦，认为他们都没有对城市的使用者及其活动进行过思考。

按照雅各布斯的看法，大城市与小城市不是一回事，不是小城镇的简单相加。大城市众多人口的活动是多样的，因而城市的良性运转必然是机制复杂的。人们对城市交通拥堵头痛不已，但城市的复杂性比交通运转系统更复杂，也不是可以用一些花花草草就掩盖起来的。城市的复杂是因为它有着可以综合人们各种需求及其满足行为的经济和社会问题系统的复杂性。城市规划决不是技术专家可以单独完成的任务。

进而，雅各布斯借助当时科学研究方法的成果，将不同于简单性问题的复杂性问题区分为无序复杂性问题和有序复杂性问题。她认为无序复杂性问题主要可以用概率理论和统计力学技术加以解决；而有序复杂性问题应该借助生物科学或生命科学的方法加以解决。那时人们相信

---

① 参见布朗、迪克森、吉勒姆：《城市化时代的城市设计》，奚雪松、陈琳、许立言译，电子工业出版社，2012，第63页。
② 简·雅各布斯：《美国大城市的死与生》，金衡山译，译林出版社，2006，第13页。

生命是一种有机体,而生物科学已经可以解释甚至干预有机体的生命过程。因此正在借鉴生命科学方法的社会科学(经济学和社会学)以及城市设计学科有可能更有效地治疗各种城市病,修复正在衰败中的城市核心区①。

美国著名城市规划学家凯文·林奇用城市形态观念史回顾支持了雅各布斯的看法。他说人类关于城市的想象有三个标准模型。最初人们希望城市可以是获得神的保佑的献祭;其后人们希望城市是居住的机器或机械;最后也就是近两个世纪以来,人们相信城市是某种有机体,应该像对特殊生命体一样来对待②。林奇仿佛揭示了雅各布斯城市观提出的必然性,也让我们更容易理解雅各布斯的书名为什么叫作"美国大城市的死与生"。

城市设计理论并没有停留在生物学比喻的水平上,设计师们仍然继续进行理论性探索。他们甚至要从哲学尤其是现象学哲学中汲取灵感,并逐渐以"场所"概念替换此前的"空间"概念。20世纪后半期城市设计理论发展的第二个重要节点是1977年的《马丘比丘宪章》。它的表述较好地体现了城市规划理论中"场所"对"空间"的替换,可以被看作思想转折的路标。

当时一批国际知名建筑师、规划师聚会利马,并寓意性地走上马丘比丘遗址。《马丘比丘宪章》要对《雅典宪章》予以修正。《雅典宪章》主要贯彻了柯布西埃的理念,称"建筑是在光照下的体量的巧妙组合和壮丽表演"。根据这种理念,建筑师只要把工程占地范围之内的空间及其功能和外观处理好就行。《马丘比丘宪章》则表示,在我们的时代,近代建筑的主要问题已不再是纯体积的视觉表演而是创造人们能生活的

---

① 参见雅各布斯:《美国大城市的死与生》,金衡山译,译林出版社,2006,第393-411页。

② 参见凯文·林奇:《城市形态》,林庆怡、陈朝晖、邓华译,华夏出版社,2001,第53-70页。

空间；要强调的已不再是外壳而是内容，不再是孤立的建筑而是城市组织结构的连续性。这就是说，任何的建筑尤其是大都市中的建筑是人所要进行活动的空间。这些使用者与这个地方的历史有千丝万缕的联系；这所建筑与周边的建筑环境有固有的关联，它是曾经的邻里关系的固着物。这就是场所的含义，（城市）场所比（建筑）空间概念多出的就是历史、文化、内容。根据场所精神去设计的建筑物更多地考虑了新建筑与既有环境之间的联系，而不是一味地标新立异，追求鹤立鸡群。对于城市整体而言，所有新建筑的使命之一在于把这个地点上那些随着老建筑的拆除而可能失去的意义联系重新建立起来，并带来更大的活力。设计就是在 context 中嵌入一个恰当的 text。

50年代后各种新的规划理念及其间体现的场所精神以人为本，更注重城市的社会属性，因此它也会强调保护和利用城市的历史遗产，继承一切有价值的文化传统。这个时期的城市规划师似乎更加谦逊，他们从米开朗吉罗那里接续了"形象待续"原则，意思是把建筑艺术作品的美好感受留待观众去补充。《马丘比丘宪章》中明确地说，意大利文艺复兴艺术大师发现的这一原则在今天，不仅是一条视觉原则，更根本地是一条社会原则。所有的观众不再是建筑或城市景观艺术作品消极的旁观者，而是其多元信息（Polyvalent message）的积极提供者。在城市设计项目实施过程中，必须要让用户参与成为工作程序中的若干环节。

在这种观念的指引下，城市设计工作的性质发生了重大的改变。一个跨学科、作为文化研究一部分的城市设计学科视野逐渐清晰，与20世纪上半叶的规划学科有了明显的区别。这是宽城时期的城市设计实践；他们的目标就是让城市变得更宽阔。

林奇在《城市形态》一书中提到的一种反对设计城市的观点："由于城市太复杂了，所以你可以设计房子，但却永远设计不了城市，而且也不应该去设计城市。城市是巨大的自然现象，超过了我们改变事物的能力,也超过了我们所能了解到的关于应该如何去改变城市的知识。"[1]这当然是一种悲观的看法。城市并非一种自然现象,而是最典型、最大型的人类创造。城市尤其是大都市包括其形态注定是复杂的、多元的、历史形成和变化当中的,也绝不是任何一个或少数设计师所可以设计完成的。但人类必须解决自己遇到的特别是自己造成的问题。林奇就意识到,他所要发展出的一套"一般性的理论"[2],并不准备包打天下,而是要适用于城市中方方面面的合作。

这样我们就可以理解,城市规划、城市设计为什么永远只是对旧城及其各种症状的局部修复和更新。但它不是"头疼医头,脚疼医脚"的应付或拖延。近年来的城市设计已经在更大幅度上进入社会学领域,希望掌握更多的"社会技术",为宜居城市建设出力。

新的城市设计趋势主要不是建造更大体量的建筑和更大面积的城市或新城,而是伴随经济社会发展的可持续化努力,重新振兴衰落的市区,强化各类公共基础设施,重新发现并重塑那些"失落的空间"[3],打造更便捷的公共交通系统以疏散人流,应用信息技术改善城市交通物流系统,并塑造更多具有历史感的城市综合景观等。曾出现强烈郊区化倾向的美国,一种"结合了简·雅各布斯的城市细节品质、文脉主义和历史建筑保护的模式"在几十年后的城市中心出现了[4]。人们更青睐高密度、步行尺度、综合功能、有历史意味、公交友好的街区;喜爱在安全的城

---

[1] 引自凯文·林奇:《城市形态》,林庆怡、陈朝晖、邓华译,华夏出版社,2001,第75页。

[2] 凯文·林奇:《城市形态》,林庆怡、陈朝晖、邓华译,华夏出版社,2001,第77页。

[3] 一般指在城市化过程中被忽略或遗弃了的城市废地,如旧的厂房和停车场等。参见特兰西克:《寻找失落空间》,朱子瑜等译,中国建工出版社,2008。

[4] 参见布朗、迪克森、吉勒姆:《城市化时代的城市设计》,奚雪松、陈琳、许立言译,电子工业出版社,2012,第80页。

市半公共空间进行面对面的交流，让文化的多样性更丰饶。

在旧城改造过程中，不仅修复后的城市景观会吸引更多游客，提高城市活力与知名度，而且大量的工程涉及基础设施，城市景观建筑包含了对废弃场地的整理和道路及其下各类管线的铺设等。像《马丘比丘宪章》所说，景观不仅意味着"视觉原则"，它诉诸人全面而丰富的符号体验能力和完整生活方式。然而大凡这一类工程的发包方都不是或不单纯地是私人部门，而或多或少会有政府或其他公共部门的介入，这种项目往往与民生有更直接的关系。因此这类项目的设计也绝不是单纯的技术性与外观设计，这类工程往往在动工之前及建设当中，有更多的公众参与。据说在美国，"到八十年代，自上而下的规划建设方式已经终结"；"公众参与和建立共识的概念如今已经在城市规划中根深蒂固。例如在'9·11'恐怖袭击事件之后的几个月中，纽约有超过5000人在一起审议、讨论和评价世贸中心旧址重建的方案。"[1]全球若干个宜居城市就是在诸多设计师与各类公私部门的协商合作及公众参与的过程中被设计出来，并逐渐成为现实。

尽管城市设计只能是一个街区一个街区地进行或者说是通过一个个依靠专业技能实施的项目逐步展开的，但这时的设计师更多履行了社会交往主持人的职能。在美国，设计师们被认为进行了"倡导式规划设计"，"城市规划师们扮演了介绍、指导、管理和为社区参与进行服务的角色"。[2]这时的设计工作不仅要拿出可供讨论和修改的方案，而且除了吸引社区参与，还包括"从开始就了解潜在的实施策略"，"认清并理解项目背景"及"前景"，"认清并分析关键机会和挑战"等任务[3]。

---

[1] 参见布朗、迪克森、吉勒姆：《城市化时代的城市设计》，奚雪松、陈琳、许立言译，电子工业出版社，2012，第97页。

[2] 参见布朗、迪克森、吉勒姆：《城市化时代的城市设计》，奚雪松、陈琳、许立言译，电子工业出版社，2012，第19页。

[3] 参见布朗、迪克森、吉勒姆：《城市化时代的城市设计》，奚雪松、陈琳、许立言译，电子工业出版社，2012，第110-112页。

今天的城市设计教科书回顾说:"伴随着场地物质空间的扩展,城市设计学科也越来越关注人类体验。起初,城市设计师们追求恢复因城市衰退和以小汽车为本而非以人为本进行的城市更新活动而遭到破坏的宜人尺度感和城市活动。后来实践者和其他人员开始更多地将城市复兴视为一种既可解决社会问题,又带来经济增长的契机的途径。近年来,城市设计师将解决可持续发展、社区建设、保护人类与环境健康等也列入工作职责。"①

应该说,人在城市中不仅是居住,而且是要合作展开全部生命活动。但这样一来,人们对城市的使用似乎更多是其景观,即街道外观等,而不再简单地局限于住宅。城市设计师、景观建筑师们似乎也正投其所好。这里有着一个观念的变化问题。"景观"不仅只是视知觉的对象,而是人类个体完整体验及互动的对象。当空间成为场所,城市景观符号成为城市实践活动普遍中介。如同《景观都市主义》的扉页题词所云:"景观都市主义展现了当前一种对学科的重新定位。其中,景观取代了建筑,成为当代城市发展的基本单元。由此,通过跨越多门学科的界限,景观,不仅成为洞悉当代城市的透镜,也成为重新建造当代城市的媒介。"②显然,今天的城市设计学已经超越了雅各布斯和《马丘比丘宪章》的境界,已经变成城市文化表达、文化变革及文化研究的一个极为现实和建设性的组成部分。

---

① 参见布朗、迪克森、吉勒姆:《城市化时代的城市设计》,奚雪松、陈琳、许立言译,电子工业出版社,2012,第3页。

② 参见查尔斯·瓦尔德海姆编:《景观都市主义》,刘海龙等译,中国建筑工业出版社,2011,第9页。

结 论

"孤城–密城–宽城"的逻辑也可以说就是城市在"前现代–现代–后现代"的一般演化历程。前现代城市只是城市化甚至城市本身的"史前史";而"后现代"城市则校正现代城市的各种病症,使城市真正体现其本性,成为促进"社会"不断发育的场所。与此同时,城市注重内空间使用的建筑群变成了注重文化表达和市民身份认同的景观及媒介综合体。在这个背景下,包括建筑学、规划学、景观设计在内的城市形态科学正在与城市社会学、城市经济学及文化研究密切融合,城市景观设计方兴未艾,而建筑师的角色从工程师、治疗师向媒体主持人(anchors)转变。最终,完美城市即"宽城"设计将在一代代设计师锲而不舍的努力及整个社会建设性的对话中实现。

中国的城市化进程不断提速,都市越大城市病越严重,城市功能衰退,景观破碎。我们是否应该也能够向国际先进经验学习呢?人们或许不能随口作出肯定的回答,因为这不是个简单的态度问题,而是极为复杂的改革和制度创新实践问题。

"后现代主义"建筑出现的意义[1]

城市是现代人最直接的生存环境,建筑是他们的家。随着我国现代化进程的推进,都市中新建筑层出不穷,市民们对建筑质量及外观更加关注。尤其是今年6月,"世界建筑师大会"在北京举办,标示了中国建筑师及其建筑在世界建筑界和对于世界建筑艺术发展的重要性。人们不仅关心今天的城市生态,也关心着明天的城市景观。

20世纪70年代前后,西方建筑中出现了"后现代主义"流派。"后现代派"建筑显然是对"现代建筑"的挑战和反叛。"后现代主义"派别的建筑理论及代表作在西方的出现也和其各种"现代派"先驱出现时一样愤世嫉俗、声调高亢、面貌乖张;社会反响也较刺耳,不乏嘘声。但它们比其前辈更快被社会所接纳,倒是其自身一时难以定义自身了[2]。

80年代是改革开放的年代。中国建筑学界将后现代主义建筑的理论著作与各种现代主义的建筑理论一起译了进来。这对于现代主义建筑的精髓还未吃透的中国建筑学界来说,后浪推前浪的速度是太快了,据说是"弄得设计院里沸沸扬扬,年轻人看不起老头子,老头子吃不消'后现代'……"[3]

十几年来,中国建筑学界对后现代主义建筑的评价可分为两个部分。其一是就它在西方尤其是美国的表现而言的;其二则是考虑到它对中国当前建筑趋势的影响。

---

[1] 本文发表在《江苏社会科学》2000年第5期上。

[2] C.詹克斯在《什么是后现代主义》,(李大厦译,天津科学技术出版社,1986)中一上来就形容说:"后现代主义沿着一条蜿蜒曲折的途径成长。先是扭向左,然后是右,中间枝干横生,像树根延伸的自然状态;或是一条弯曲的河流,有支流,有变迁,绕回头,又向一个新方向流去。它的含义仍然争论不休。"他甚至说它的成长道路"也像一条蛇"。见天津科学技术出版社1988年中译本第2页,李大厦译。

[3] 参见李大厦:"《什么是后现代主义》译序",载《什么是后现代主义》,詹克斯著,李大厦译,天津科学技术出版社,1988。

就前一方面而言，中国建筑学家们看到了后现代主义建筑对现代主义建筑的反拨，承认了其合理存在的一面；也部分地看到了这种建筑流派产生的社会根源，但总的说对其外观的矫情做作、迎合消费大众和保守主义的倾向颇有微词。中国建筑学家们尤其认为它成不了气候成不了大势[1]。从国内大学现有的西方现代建筑史的教材来看，对其也多点到为止，语焉未详[2]。就后一方面而言，一些中国建筑学家们认为它的引进不合时宜，中国社会发展和经济水准正要求现代主义建筑，怕后现代建筑的引进又引起复古主义思潮[3]。

我觉得，我们对后现代主义建筑产生原因的理解还是不够的，尤其对其正面作用的理解是不够的。后现代主义建筑固然只是一个不大的建筑学派别，但现代社会的发展或后现代社会毕竟是要求更加深远的前瞻，中国人说"春江水暖鸭先知""一叶而知秋"，都是要从一些不大的兆头中看到发展的趋势。所以我希望讨论一下后现代主义建筑产生的几重背景，从而说明其包含的更多意义。

---

[1] 参见李涛："当前西方建筑创作中的非现代主义倾向"；李大夏："后现代思潮与后现代建筑"。见顾孟潮等：《当代建筑文化与美学》，天津科技出版社，1989年版，第103—113页、第117—124页；吴焕加："论建筑中的现代主义与后现代主义"，载《论现代西方建筑》，中国建工出版，1998，第82—103页。

[2] 参见同济大学、清华大学、南京工学院、天津大学：《外国近现代建筑史》，中国建工出版社，1982；沈玉麟编：《外国城市建设史》，中国建工出版社，1995。

[3] 参见邹德侬："中国现代建筑的历史使命——关于后现代主义的引进"；赵国文："未来的选择——对近十年中国建筑文化历程的思考"，载顾孟潮等：《当代建筑文化与美学》，天津科技出版社，1989，第172—180页、第99—102页。

一

后现代主义建筑出现在20世纪70年代前后。时至今日，后现代主义建筑一般也不难规定。我们可以给出三方面的参照物。一是被当作后现代主义建筑理论宣言的、美国建筑师文丘里（Robert Venturi，1924— ）的大作《建筑的复杂性和矛盾性》（1966）；二是考察一下后现代主义建筑的代表作如文丘里的"胡应湘堂"（1981—1983）和摩尔（Charles Moore）的"意大利喷泉广场"（1974—1978）；三是看一下斯特恩（Robert A. M. Stern）、詹克斯（Charles Jencks）等后现代主义建筑理论家对这种建筑的概括。

文丘里的"宣言"措辞激烈，颇为响亮。我们不妨再听一次：

> 我爱建筑的复杂和矛盾。我说的这一复杂和矛盾的建筑是以包括与艺术有内在关系的丰富多彩的现代生活为基础的。……建筑师再也不能被清教徒式的正统现代主义建筑的说教吓唬住了。我喜欢建筑杂而不要"纯"，要折衷而不要"干净"，宁要曲折而不要"直率"，宁要含糊而不要"分明"，既反常又无个性，既恼人又"有趣"，宁要一般而不要"造作"。要兼容而不排斥，宁要丰富而不要简单，不成熟但有创新，宁要不一致和不肯定也不要直截了当。我主张杂乱而有活力胜过明显的统一。我容许不根据前提的推理并赞成建筑的二元性。

一个艺术流派的"宣言"难免是非常激进的，"语不惊人死不休"。但文丘里的思考中并没有"现代派"那种目空一切、彻底反传统的特征，他还论证说："建筑要满足维特鲁威所提出的实用、坚固、美观三大要素，就必须是复杂和矛盾的。陶立克神庙的简洁是通过它那有名的精美而准确的几何曲线和柱式内在的矛盾和张力所形成的。……承认建筑的复杂并不否定路·康（Louis Kahn）所说的'追求简练的欲望'。但能深刻有力地满足人们心灵的简练的美，都来自内在的复杂性。……对复杂的建筑及其矛盾的欲望，不仅是对当前建筑的平庸或唯美的一种反抗，而是从16世纪的意大利一直延续到今天的常态，从米开朗基罗、帕拉第奥一直近代的勒·考柏西埃、阿尔托和康等人。"① 文丘里《建筑的复杂性和矛盾性》的第一部分"错综复杂的建筑"还有一个副标题："一个温文的宣言"。从这里我们应该能体会到后现代主义建筑理论强调"多元""折衷"的特征。

从这个宣言的潜台词看，它针对的是那些简洁得如同白色或灰色方盒子、毫无装饰、表情冷漠的现代主义建筑。那么，后现代主义的建筑是什么样的呢？

文丘里的建筑作品体量一般不大，来得更为亲切。他为普林斯顿大学设计的胡应湘堂在1989年获得了美国建筑界一个重要的奖项——AIA荣誉奖。这个作品也被认为是后现代主义首批成熟作品之一。胡堂是香港实业界名人胡应湘捐赠母校的一座多功能馆。建筑师不仅成功地让该建筑充当了周围环境中国际式建筑与哥特式建筑的过渡或中介，而且既使用了现代建筑的要素如带形窗，又使用了传统建筑的记号如双层高、纵构图的大玻璃窗和伊丽莎白风格的细部。室外一个小广场上，文丘里特地设置了一通简化了的中国石碑，让中西两种文明进行对话。

相对说来，摩尔的作品体量要大得多。摩尔喜欢作建筑"群"的设

---

① 汪坦、陈志华：《现代西方艺术美学文选·建筑美学卷》，春风文艺出版社、辽宁教育出版社，1989，第359—360页。维特鲁威（Marcus Vitruvius Pollio，前1世纪）：古罗马建筑师，有建筑学之父之称，所著《建筑十书》（公元前27年）为欧洲现存最早的建筑学著作。帕拉第奥（Andrea Palladio，1508—1580）：意大利文艺复兴晚期的建筑师，通常被认为是欧洲学院派古典主义建筑的肇始人之一，著作有《建筑四书》（1570）。考柏西埃（Le Corbusier，1887—1965）：法国建筑师，现代主义建筑师中最著名的代表人物之一。又译柯布西耶或勒柯布西耶等。阿尔托（A. Aalto，1898—1976）：芬兰建筑师，现代派建筑师的著名代表人物。

计，似乎这样才能充分发挥出后现代主义建筑的长处。1978年，摩尔最为得意的作品之一、美国新奥尔良市的意大利广场落成。这个大圆形广场安插在一些色彩丰富的老货栈和普通的玻璃高楼围合的街区里。一系列弧形的柱廊错落地环绕着广场，向人们展示了全部五种西方古典柱式。这些柱头、拱券、柱顶被漆上各种颜色，夜晚的柱廊会闪烁出诱人的灯光。诙谐的摩尔甚至将自己的头像塑在额枋上，嘴里吐出细细的水柱。据说游人站在这个广场上经常困惑的是，自己究竟是位于建筑之外还是建筑之中。

广场的中央不仅有不同颜色的大理石铺成同心圆的图案，而且有一组按意大利地形不同等高线设计的水池。广场的中央是"地中海"，泉水从高高的"阿尔卑斯山"上分别三条"河流"注入"第勒尼安海"和"亚德里亚海"。海的中心则是"西西里岛"，它隐喻着本市的意大利移民大多与这个岛有着难以割断的联系。每年特有的庆典活动上，新奥尔良市的市长要在这里向意大利裔的市民致以节日的问候，而每到这个时候，广场上洋溢着迪士尼乐园般的气氛。

对意大利广场有着截然不同的评论。有人说它是一处杂乱疯狂的景观，是对古典主义的糟蹋；而另一些人看到它给市民带来的欢乐、浪漫和亲情，称之为"多年来美国所有城市中最有意义的广场"（戈德伯格）[①]。

要对后现代主义建筑进行评价，不能满足于对其各别作品的批评，还应有对所有这一类建筑的特色的概括，从中看到后现代主义建筑师的一般手法。

被认为是后现代建筑的理论代言人的斯特恩对后现代建筑的概括

[①] 关于这两处建筑，还可参见程世丹：《现代世界百名建筑师作品》，天津大学出版社，1993；詹克斯：《什么是后现代主义》，李大厦译，天津科技出版社，1988；同济大学、清华大学、南京工学院、天津大学：《外国近现代建筑史》，中国建工出版社，1982；沈玉麟：《外国城市建设史》，中国建筑工业出版社，1989，有关章节的文字及图片。

是：文脉主义（contextualism）、隐喻主义（allusionism）、装饰主义（arnamentation）①。这里大概的意思是说，一座建筑的设计与建成不是孤立的，要考虑其与所在城市的历史关联，考虑建筑式样、风格的艺术与文化传统；建筑是被自觉地作为一个符号设计的，它有着比较明确的意义表达；除了功能和材料工艺等技术的必要性，建筑设计要有审美的安排，无论在其内部还是外部。如此设计出来的建筑势必比现代主义建筑要复杂。尤其是在今天，人们对一座建筑（特别是公共建筑）的功能要求是非常复杂的或多元的，不应将简洁标树为建筑的唯一评价尺度。

詹克斯在《什么是后现代主义》一书中重申了其1978年给出的、最基本的定义：双重代码，即"现代技术与别的什么东西（通常是传统式的房子）的组合，以使建筑艺术能与大众以及一个有关的少数，通常即是其他建筑师对话"②。这里说的"代码"是指建筑语言，但这种语言既是技术的，也是风格的。詹克斯认为在建筑师斯特林③的作品斯图加特新美术馆上有对双重编码的最好解说。例如这座美术馆的基础层是古典风格的，它藏匿了一个非常真实和不可缺少的停车场。有趣的是，建筑师让这面石墙上戏谑地"掉落出"几块石料，显得就像"废墟"。掉落几块石头有这样几层含义：①通风；②显示出这里是一个停车场；③构成一种不同于现代主义简洁美的自然主义复杂美；④暴露出它的真正结构，建筑材料不是看上去所像的、铸造希腊卫城那样的大理石块，而是现代的钢框架外贴上的薄石板饰面④。上述第4点尤为典型地表明，

---

① 参见同济大学、清华大学、南京工学院、天津大学：《外国近现代建筑史》，中国建工出版社，1982，第299页。
② 詹克斯：《什么是后现代主义》，李大厦译，天津科技出版社，1988，第11页。
③ 斯特林（James Stirling, 1926—1992）：英国建筑师。
④ 参见詹克斯：《什么是后现代主义》，李大厦译，天津科技出版社，1988，第12—13页；吴焕加：《论现代西方建筑》，中国建筑工业出版社，第176—178页。

其中的古典主义建筑语汇是装饰性的。

后现代主义建筑师认为现代主义建筑一方面不考虑消费大众对设计的参与，另一方面又与建筑文化的传统断绝了联系。

从建筑设计的角度，人们对后现代主义建筑的批评是：拼凑、不经济。这里的要害是是否承认后现代建筑的"意义"设计。如果建筑不过是一部"居住的机器"（柯布西耶），那么"少即是多"（密斯[①]），"装饰就是罪恶"（卢斯[②]）。反之，建筑的功能若不被简单地理解为"遮风蔽雨"，而是将其考虑为"诗意栖居"的场所，将其视为艺术，问题就完全不同了。与此同时，艺术也不能简单地从外部视觉形象或审美形式的角度去理解，而应将其视为人类争取自由的、现实的不懈努力。

二

尽管建筑批评是一项亟须展开的工作，我们还是暂时不对后现代主义建筑作品做具体的艺术批评，因为给出其产生的各种社会背景也许更有益于对其进行整体的理解。在我看来，这样的背景起码可以有三重。第一我们可以考虑，西方社会进入所谓后工业时代或所谓知识经济时代的问题；第二我们可以考虑人类在城市化进程中的困境；第三我们可以关注一下大多数的建筑师或国际建筑师组织对建筑的看法有怎样的变化。有了这三层背景，后现代主义建筑产生的意义就会变得很清楚。

20世纪五六十年代，一些西方学者提出了"后现代"或"后工业社会"的概念。这个概念明确地表达了与"现代"告别的意愿。从语言的角度说，当一个时代仍然是以它之前的时代来定义时，就说明了它自身特征的不明朗和对前一时代的依赖。美国学者丹尼尔·贝尔把这种若即若离

[①] 密斯（Mies van der Rohe，1886—1970）：德国著名现代主义建筑师。
[②] 卢斯（A. Loos，1870—1933）：奥地利建筑师。

的感觉表达得相当细致。他说:"对于我们生活于其中的西方社会来说,我们的感觉过去是、现在仍然是:它处于一种巨大的历史变革之中,旧的社会关系(由财产决定的)、现有的权力的结构(集中于少数权贵集团),以及资产阶级的文化(其基础是克制和延迟满足的思想)都正在迅速消蚀。动荡的根源来自科学和技术方面,也还有文化方面。……这种新的社会形式究竟会像个什么样子,现在还不完全清楚。……'后'这个缀语,是要说生活于间隙时期的感觉。"他还说:"后现代时期或者后现代社会不是一个定义,而只是一个问题。"①

着眼于经济与社会发展方式,丹尼尔·贝尔描述了"后工业社会"与"工业社会"或"现代社会"不同的五个方面:"1.经济方面:从产品生产经济转变为服务性经济;2.职业分布:专业与技术人员阶级处于主导地位;3.中轴原理:理论知识处于中心地位,它是社会革新与制定政策的源泉;4.未来的方向:控制技术发展,对技术进行鉴定;5.制定决策:创造新的'智能技术'。"②

如果说丹尼尔·贝尔等人在60年代前后对西方社会发展的预言还有较多不确定的成分,那么到90年代中后期"知识经济"问题提出时,"后工业时代"的特征变得更清晰了。尽管市场经济及其上层建筑的基本格局没有改变,但的确要在新的发展形势下进行必要的调整。1997年,有"富国俱乐部"之称的"经济与合作发展组织"(OECD)发表年度报告"国家创新体系",对其1996年年度报告"以知识为基础的经济"提出了对策上的建议。

对知识经济的问题目前在国内有一种片面的理解。不少作者只注意到了这一社会形态或时代发展的关键技术特征,即以计算机和网络技术

---

① [美]贝尔:《后工业社会的来临》,高铦等译,商务印书馆,1984,第47,62页。

② [美]贝尔:《后工业社会的来临》,高铦等译,商务印书馆,1984,第20—42页等处。

为代表的信息产业的迅猛发展态势，以及该产业总产值在发达国家国内生产总值（GDP）中所占的巨大份额。

事实上，经济的高增长和社会的全面发展有一种正相关。当我们以知识经济来描述一个时代时，同样应看到经济人性化、市场人性化、知识人性化和社会人性化的趋势。在知识经济的时代，产品设计、生产管理和市场销售中都体现了人性化内容的增加；知识决不再仅仅被从"力"或"力量"的角度来理解（例如像在培根的时代），知识首先是对人的个体和人类社会自身的理解；科技成果产业化的过程就是知识创新的过程，而知识创新意味着人与自然和人与人之间关系的普遍调整；文化产业的兴起和迅猛发展同样是知识经济时代的重要特征。与此同时，知识经济是在经济全球化的形势下发生的，多元文化以及不同价值观、宗教观的对话也是它产生的条件之一。

我们这样说并不等于将发达国家或资本主义社会当成人类社会的理想。以市场为基础组织起来的社会总有向善或向恶发展的两种可能性。OECD国家挑明了的战略也就是要在未来的全球化经济中保持竞争优势，发达国家进入知识经济时代也意味着发展中国家争取发展的国际环境更加严峻。但世界在进入知识经济时代的过程中毕竟伴有人的尊严的增长。

尤其可以提及的是，后工业社会或知识经济的时代，工业文明之初的若干弊病得到克服，卓别林在《摩登时代》中控诉的大工业生产状况被改善了；大工业生产造成的环境污染逐步得到治理；一些不良消费欲望受到舆论的节制与引导。所有这样一些趋势都是与人文知识分子多年的大声疾呼分不开的，与人的意识的进一步觉醒分不开的。以上是我们说的社会总趋势的发展背景。我们希望考虑的是，在这样一种社会发展趋势中，会有怎样的建筑产生？

与上述社会发展趋势密切相关的是城市化进程的趋势变化。现代化的主要内容之一就是城市化，而"后现代"也需要考虑"后城市"的问题。

工业革命带来城市面积的膨胀和人口密度的增加，到 1900 年时，伦敦的人口达到 450 万之多，为 1800 年的五倍以上；1900 年的巴黎人口达 270 之多，也为 1800 年的五倍；柏林在 1900 年时有人口约 189 万，比 1800 年增长了十倍以上；而纽约 1900 年的人口数 343 万是 1800 年不足 8 万人的 43 倍之多。城市人口的激增造成了城市的畸形发展，人居条件恶劣，建筑艺术衰退，城市环境恶化，历史景观被破坏，等等。在这种情况下，人们重又怀念起田园风光，提出了"田园城市"（霍华德，Ebenezer Howard，1898）的理想；更有一些思想家在城市迅速膨胀问题的背后看到了更深层的人与自然、动物与植物之间的相互依存问题（马尔什，G. P. March；奥姆斯特，F. L. Olmsted），提出在城市中留出公共绿地，建立公园系统的设想。

然而，工业化的进程如脱缰野马，城市化的趋势锐不可当。到 21 世纪 60 年代，多少进行了规划、体现着疏散设想的西方各大城市已经发展成为总人口超 1000 万的城市群、城市带或城市化区域。如美国的波士顿－华盛顿大区（Boswash），在沿东海岸 600 公里长、100 公里宽的狭长地带中连绵着波士顿、纽约、费城、巴尔的摩和华盛顿 5 个大都市及 200 个中小城市，总人口约 4200 万；而西海岸的圣迭哥－旧金山（Sansan）大城市连绵区的总人口也达到了 2000 万。相对地说，第三世界国家的大城市问题要严重得多。如墨西哥城，21 世纪初其人口仅 30 万，可到 1980 年时已猛增至 1500 万，成为世界第一大城市，同时也成为城市污染最严重的城市。尤其是第三世界的这些大城市，人口密度极高，交通拥堵，古城建筑和文化遗址迅速消失，城市景观丑陋，往往还伴随着一个宽阔的城乡结合部，这里公共设施缺乏，卫生条件差，居住环境极为恶劣。

自 20 世纪 40 年代起，西方一些城市规划学家和建筑学家就对城市的前景表示悲观。而在对人口密度和环境状况比较敏感的西方城市，50 年代起出现了"郊区化"的运动，人口开始向外流动。其结果是造成了内城衰退或叫"城市中心渗漏"现象。市中心仅仅是工作地点，超过当地居住人口十数倍的上班族白天驾车进城，造成停车和交通疏导的严重问题；夜里返回郊区，将市中心留给犯罪分子横行，使治安状况严重恶化。而从另一个角度看，郊区的土地也不是无限的。城市的膨胀挤占了乡村或农业文明，农田的外迁有大幅度地缩小了荒野的面积，整个地球的生态平衡被严重破坏了。现有的"分散主义"和"集中主义"城市规划理论似乎都不可能提供现成的解决方案。因此，在70年代前后，各发达国家均提出了内城复苏的建设方案，制订各种优惠政策鼓励居民重返市中心。我所谓的"后城市"就是指要在现代城市诸种复杂问题的基础上重建适合工作与人居的市区环境。我们以为，人类城市化过程的这种尴尬局面也是后现代主义建筑产生的背景之一[①]。

在这个问题上，城市规划学家和建筑学家还是清醒的，他们不是就事论事，水来土挡，而是深刻反省了自己对建筑、对城市的根本看法，从根本上改变着建筑的观念。1933年，国际现代建筑协会（CIAM）在雅典举行会议，发表了著名的"雅典宪章"，宪章对城市主要功能的区分和规划原则做出了说明，还特别强调了对城内名胜古迹及古建的保护问题，强调城市规划是一门三度空间的科学，要求国家以立法的形式保证对城市整体景观规划的实现。这些思想无疑是人类对自身居住、工作、休憩和交往环境的新思维，但是到了1977年，这些认识受到了更深的反省和批评。

1977年12月，一些世界著名城市规划学家齐聚秘鲁首都利马的古遗址马丘比丘，签署了新的宪章——马丘比丘宪章。宪章对当代城市规划理论与实践中的主要问题分11个小节进行了阐述。关于建筑，新的宪章体现了60年代以来，建筑学界甚至更宽泛的学术界以场所（place）概念取代传统的空间（space）概念的总趋势；批评雅典宪章把建筑视

---

① 参见沈玉麟：《外国城市建设史》，中国建工出版社，1989。

为"光照下的体量的巧妙组合和壮丽表演"的观点,指出"在我们的时代,现代建筑的主要问题已不再是纯体积的视觉表演,而是创造人们能在其中生活的空间。要强调的已不再是外壳而是内容,不再是孤立的建筑(不管它有多美,多讲究),而是城市组织结构的连续性"[1]。

所谓场所与空间概念相比有两点不同。一是,人是在场所之内的,场所是人的栖息地,场所中的人就是"到场"(present,being,存在);而空间强调的是人的外部视觉对象。二是,场所是由更大环境环绕着的,这里说的环境就是文脉,就是特定的历史、文化与意义,作为场所的建筑要与周边景色、城市历史进行对话,作为场所的建筑不仅是某种围合的空间,而且也需是某种文本、符号;而空间概念表达了对环境及历史的漠视。

由于场所概念的出现,建筑师或城市规划师扩大了视野,不仅是以新的材料、技术、工艺来处理、改变自然界的原来形态或面貌,也不仅仅是强调建筑的结构特征和视觉形象,而是充分意识到城市是人的生活和交往的环境,人的社会、历史、文化即符号与意义等特性决定了他们对建筑及城市的要求。"场所"比"空间"多的就是这种人性化内容或文化内涵。建筑师不再孤立地看待设计地段,考虑城市与周边自然与文化环境、建筑与相邻建筑形象的比照关系及历史联系;在建筑物中更注重"半公共空间"的设计与处理;而在建设过程中更多鼓励用户即使用者的参与。

应该说,建筑师在建筑观念上的变化趋势是相当普遍的,文丘里没有说错,在柯布西耶后期的作品(如著名的朗香教堂,1950—1954)中,在赖特[2]和阿尔托的作品中,都有文化因素的表达。这是后现代主义建

---

[1] 转引自沈玉麟编:《外国城市建设史》,中国建工出版社,1989,第269页。
[2] 赖特(Frank Lloyd Wright,1869—1959):美国最著名的现代建筑师,提倡"有机建筑",其著名作品有"流水别墅""古根海姆美术馆"等。

筑出笼最切近的背景。

三

我们的结论似乎是再显明不过了：在后工业时代，在城市化进程的困境中，在建筑师们同意以更多人情味的场所概念取代抽象的空间概念时，出现了一些因功能的多样而在结构和外观上更加复杂的、增加了一些往往是古典风格的装饰的、隐含了一些与传统或历史进行对话的符号内容的、更多迎合大众趣味的、经常是一些公共建筑的后现代主义建筑作品，这种建筑所表达出来的社会思潮及人文意向是与社会、城市的发展方向相一致的，其间的意义更多是积极的。

有人批评后现代主义建筑是折衷的、拼接的、通俗的、杂乱的，等等，但如果这是因为注重文化传统，注重公众的需求，注重与周围建筑的关系，注重环境，注重多种功能的综合，注重试探性与创新，那么，这些贬义形容词也可以反过来听，把他们理解为亲切的、丰富多彩的、精致的、功能齐全的、耐人寻味的和雅俗共赏的。这些作品同样是建筑师深思熟虑、精心构筑的结果，没有半点的凑合、糊弄、捉弄人的意思。所谓反讽，大约只是对循规蹈矩、缺少创新的现代主义建筑而言的。

有人认为后现代建筑师不注重科学技术对建筑发展的影响，说他们厌恶工业化和现代化，而关心的只是艺术。那么在一个工业化、现代化的负面影响如此严重地表现出来的时代，在一个人性化呼声与艺术需求都不断高涨的时代，这样做有什么不好。

有人说后现代主义建筑强调装饰，增加了工程造价和用户负担。应该说，现代主义建筑流行的时代是欧洲各国刚从两次大战中解脱出来，忙于应付过大的住房压力的时代。为低收入阶层迅速解决居所问题的确是现代主义建筑的历史功绩之一。但是，建筑毕竟是文明的一个重要组成部分，是造型艺术不可缺少的一个组成部分。人们也许不敢奢望所有的住宅、厂房、全都成为艺术，但如果一座城市里的所有建筑都没有艺术性可言，那同样是一幅非常凄惨的画面。从词源学的角度看，architecture 即建筑的含义就是"首要的技艺"[①]，从很早的时期人们就认识到了它具有独特的符号表达功能，有什么必要宣称"装饰就是罪恶"，从而彻底废止这种表达功能呢[②]？

至于在中国，后现代主义建筑潮流会不会带来复古的倾向，或对尚未完全掌握的现代主义建筑技术构成冲击，我觉得这都不是真正的问题。后现代主义建筑当然是以现代建筑技术、材料、工艺建造的，后现代建筑对于古典或古代没有"复辟"的意思，它把古典作为一种装饰，甚至还带有几许调侃。对于中国建筑设计业来说，最大的灾难来自"长官意志"：或者他们说只能搞现代建筑，或者是必须有某种形式的"民族风格"，等等。但随着市场化改革的深化，定于一尊的局面就更难出现。建筑是声音回荡久远的发言，任何轻率的谈论将为人长久地耻笑；而真正的远见卓识迟早会为人们所领悟。

当代中国建筑的另一个严重问题在于建筑质量，我们也许还会听到一些新建筑坍塌或被强行拆除的悲剧性报道，这当然与在一个市场发育不全的社会中不规范的商业操作，以及官僚主义、腐败现象有关，但缺少艺术追求和敬业精神同样是问题的一个方面。

可以指出的是，国际上建筑观念的变革也反映出美学潮流的历史性变化。近现代以来的心理主义美学和形式主义美学受到了合理的批评。美学家们倾向认为，人与对象的审美关系应该是相互包容的、互动的，而非外在的、主客两分的。

[①] 的确有一些现代建筑师因此不愿使用 architecture 一词，而宁可用 building 一词来表示他们的筑造成果。这当然也是一种值得尊重的选择。

[②] 现代主义建筑的大本营"包豪斯"（建筑学校）强调现代建筑材料、技术与工艺，又注重当时已经兴起的抽象派艺术风格，这些都功不可没，但它坚决地拒绝为学生开设历史课的做法未必是明智的。

被一些人称为后现代思想家、美学家的伽达默尔在《真理与方法》（1960）中恰好谈论了建筑美的问题，而且谈及建筑艺术与绘画等艺术的关系问题。伽达默尔认为，近现代艺术和美学过于强调"审美意识"是不妥当的，结果导致了对"体验"概念的片面理解。而当存在论美学取代了经验论审美心理学之后，"那些由体验艺术观点来看处于边缘的艺术形式反倒变成了中心：这里就是指所有那些其自身固有的内容超出它们本身而指向了某种由它们并为它们所规定的关系整体的艺术形式。这些艺术形式中的最伟大和最出色的就是建筑艺术。"①

对于伽达默尔来说，艺术是一种表现，但首先是一个事件，是一个与人及其历史、目的相关的事件。在这个意义上，艺术是一种象征（而非符号）、一种代理（Vertreten，replace，而非所指），它是一个游戏，但游戏有其自身的目的。所谓再现（representation）就是事件本身的继续存在和展开，而不是简单地模仿或复现。建筑在这里首先是服务于人的特定需求的，为了人的生活它以其最终形式解决了问题，也做出了表示或表达。而"如果一个建筑物是胡乱地建在一个任意的地方，并成了一个有损环境的东西，这个建筑物就不是艺术作品"。

给伽达默尔以存在论美学启示的应该是海德格尔。海德格尔在1951年一次题为《筑·居·思》的讲演中曾用玄思的语言和精妙的例证说明"筑造的本质是让（人）栖居"，而"栖居乃是终有一死者所依据的存在的基本特征"②。在他看来，一座建筑的优劣应该是根据人的历史性存在判定的；它的存在、筑造与意义则是在历史事件中发生的。在这篇讲演中，他还较早地谈到空间（Raum）和场所（Statte）等术语的区分。

---

① ［德］伽达默尔：《真理与方法》，洪汉鼎译，时报文化出版企业有限公司，1993，第221页。
② 海德格尔：《海德格尔选集》〔下〕，上海三联书店，1996，第1188—1204页。终有一死者：这里海德格尔以这个用语表示人。

当然，无论美学还是建筑学都有其他的思考理路，后现代主义建筑的确不可能也没有必要取代全部现代主义建筑。但无论如何，在后工业社会或知识经济的条件下，美学研究者应该加强建筑评论和建筑美学研究，以人的存在的名义，参与到这个对社会的前瞻和重新塑造的实际过程中去。城市及其建筑就是现代和后现代的人直接生存的环境。如果说关心艺术是关心人的理念，那么关心建筑就是关心人的现实。建筑是人与艺术相互转换的媒介。

井冈山新市区建设应着意表达其特有的人文意蕴①

今年5月在井冈山考察调研,不仅全身心地领略了它雄伟而秀丽的风光,长久地沉浸于它至今还留驻着萦绕着的往昔岁月,同时还获悉,国务院已正式批准原井冈山市与原宁冈县行政合并;新井冈山市市区迁往山下更靠近吉安市的厦坪、拿山一线;新的市政府班子已在新市区临时办公区日常运作。据说,新的井冈山市区已经开始建设。那么,短短的几年以后,我们将看到怎样的一个井冈山市的市容新貌呢?

根据市委市政府的发展规划,未来的井冈山市将是一个以旅游为主导产业和城市功能的小城市,"山水园林在城中"成为这个城市建设的理想描绘。从我对近年来我国中小城市城镇化建设情况的了解来看,这些规划设计多还是只注重各种城市功能与布局设计,也注意了城市与周边自然条件的相关,而缺乏对城市整体面貌和主要建设风格中人文意蕴的深入思考。不知井冈山市的规划是怎么理解和体现这种意蕴的。因此我希望在井冈山市新市区建设在即或动工不久的时刻,把它未来应表达的人文意蕴问题专门提出,已引起有关方面的关注。

一、城市建筑的人文意蕴问题

我国有一大批的文化历史名城,其中不少甚至已列入世界文化遗产名录。但是在现代化过程中,不少名城的历史文化风貌已经荡然无存了。在几乎毫无差别的巨大几何状现代建筑堆积之间,我们怎么区别北京与

---

① 本文是一篇调查报告,发表于《赣文化研究》,2001年第8期。

上海、广州与香港甚至王府井与曼哈顿呢？

全球的建筑师与城市规划专家对此有所考虑①。1977年，一些世界著名建筑师聚会秘鲁首都利马，在其附近的古遗址马丘比丘签署了著名的《马丘比丘宪章》。该宪章引人注目地提出，应从场所（place）的角度而不再是空间（space）的角度来理解建筑。我理解，所谓"场所"一是比"空间"更强调了人类栖居和活动的含义；二是强调了它与周边环境的关联。尤其还应强调的是，这里所谓关联，不仅是一个同时性的问题，也是一个历时性的问题。建筑，或者城市都有自身不断变化着的历史，与人、各种历史事件息息相关，形成了各不相同的文脉。只有这样看建筑，看城市，它们才是有生命的，有个性的，有唯一性而不可重复的。我所谓建筑或城市的人文意蕴，就是指它们的具体存在与人及特定历史事件的关联；指人通过建筑表达出的对生活的理解和对未来的向往；既是指它们作为历史见证所具有的符号含义，也是指后人在历史的意义构成过程中在它们的独特面貌上投射出的感情评价。建筑的人文意蕴是一种寄托。这种蕴含是历史地凝结在建筑的功能与工艺考虑之上的，甚至是对原有审美特征的再理解与再创造。

问题是建筑师或城市规划专家的意见并不总是受到尊重。这个问题在中国就更突出一些。例如北京市，应该说它拥有全国数量最多的优秀建筑师，但在前些年有关"保持古都风貌"的实践中，最终按长官意志办事。长安街沿线不少的新建筑被要求加上不伦不类、难以理解的"绿屋顶""小亭子"，实在难看。建筑的一个特点在于它们会较长时间地矗立在那里，于是那些恶劣的建筑作品真像是某些领导者的耻辱柱。当然有了这样的教训，北京市重大建筑项目的建筑设计现在要慎重多了，也算"吃一堑，长一智"吧！但我们仍然不时听到报道，说某地某城市，

---

① 参见章建刚："'后现代主义'建筑出现的意义"，载《江苏社会科学》，2000年第5期。

将原有的古建筑古城墙拆除，然后重建一些拙劣得多的假古迹。

面对已经消失或正在消失中的城市历史风貌，许多人只有叹息。但我的感觉是，重要的在于你要知道你的城市的历史风貌。如果你对此有清醒的意识，那么在它将来的岁月里，就完全可以以新的方式再现其曾有过的绰约风韵。以井冈山为例，根据地失守以后，那里"茅草过火，石头过刀"，所有房屋设施都被破坏。但几十年后，人们还是根据记忆和保留下来的零星资料，使当年的旧貌完整复现。

人们会说，现在的井冈山市是要建设一座全新的现代化新城，是"一张白纸，好画最新最美的画图"；它本身也不是什么旧址、遗踪，没必要依照当年的建筑街区重建。

这样，我们就需要讨论一下什么是新建井冈山市应有的人文意蕴的问题。

二、井冈山新市区建设中人文意蕴开掘的重要性

如果是一座普通的小城镇搬迁重建，尤其是假如它的历史本不漫长，也许真的不必特殊考虑其人文意蕴的问题。在将来的发展过程中，相信它会塑造出或者寻找到自身的韵味。但井冈山并不是这样一座微不足道的小城。

首先，这座城市就是井冈山斗争那段特殊历史的延伸。它半个世纪以来的发展也是以那段特殊历史的名义进行的。今天，又是由于那段历史，它才成为一个特殊的旅游景区。"旅游兴市"不仅是它的发展战略，也规定了这座城市的功能定位，使它有了比其他城市强烈得多的对人文历史内含的符号性要求。它的未来注定要与这些符号所代表的那段历史具有不解的渊源。

在改革开放不断深化的特殊历史时期，党和政府甚至把井冈山定位为非同寻常的旅游景区，即将其作为对干部群众进行革命传统教育的基

地。然而在新的条件下，这种教育主要是通过旅游的形式完成的，也是通过市场化的方式实现的。应该说，在未来的年代里，井冈山的教育功能将更多是通过旅游这种文化产业的运作模式去发挥的。而作为一个旅游景区，其自然和人文资源的高质量唯一性就是其持续发展的基本条件和开发策略。景区的整个开发应该围绕这种唯一性进行，以各种方式、在方方面面突出、强化这种唯一性。这样做，不仅可使游客获得强烈的印象和感受，也会使该地区的旅游形象通过游客的记忆和谈论，通过游客在当地拍摄的照片及购买的纪念品而得到广泛传播。为了满足井冈山旅游风景区高质量唯一性的要求，它的市区建设一定要突出人文意蕴的表达。要让游客一踏入这个地区，一走进这个城市，就感到鲜明的地方文化风貌扑面而来，就让他们产生一种探索的冲动；而在他们离开这里的时候，最后瞥见的那个建筑文化符号会使他回味起几天来看到、听到、接触到的一切。具体地说，当他进入井冈山市时，就应立即感受到与周边毗邻的、进山必经的泰和县、永新县、吉安市或遂川县等城镇乡村有显著的差异。还有什么比在城市建筑风貌上做文章，借以表达当地深厚的人文意蕴更好的方式吗？！

这就是说，新的井冈山市区应具有一种仿佛已经凝固了的历史符号功能：它在诉说那段特定的烽火岁月。另一方面，我们强调城市建筑的人文意蕴或历史文脉又不等于要求简单复制，不是要市政府的建筑与大井毛主席旧居或茨坪红四军军部的建筑一模一样，更不主张用行政手段强制推行某几种建筑设计甚至图纸。事实上，新的井冈山市区必然是由各种现代建筑群构成的城市景观，今后还会不断有新的建筑材料、建筑工艺被应用于城市建设。这些新的建筑工艺、材料都势必带来建筑样式尤其外观、体量等的改变。问题是当我们讨论一个城市建筑的人文意蕴时，实际已经是在进行某种反思，是对许多人强烈感受到却还没能表达出来的东西进行呈现。我们要在对原有的建筑和城市风貌的认真和反复回味中，努力搜寻它那些最具魅力、最能使当年的历史复现出来的吸引物和象征。因此，这时我们获得的所谓人文意蕴已不是一种建筑结构，而是一些经过提炼、抽象和再创造的建筑装饰风格或可用于建筑装饰物的历史文化符号。我们希望这种意蕴是可以融化到建筑和城市规划当中去的一种明确意向；体现了建筑师和城市规划人员用他们特有的思考方式与这座城市的历史、它的人民所进行的一场持久而热情洋溢的对话。

具体地说，井冈山市现有的毛泽东、朱德、陈毅、彭德怀、袁文才等同志的旧居十数处，红四军军部、黄洋界哨口、茅坪红军医院等旧址若干。这几十处革命遗址注定要长期原样保留在井冈山郁郁葱葱的群山之间，并构成当地人文景观的基调。我认为，这就是讨论井冈山城市建筑人文意蕴的前提和基础。

当年的井冈山"人不足两千，谷不足万石"，幽深偏远；今天的井冈山人口15万，也仍是一个相对幽静的小城镇。当然，它已经做好了每年接待几百万游客的心理准备，在为实现这个目标作筹划。因此如果说它是一座小城，那么唯一的意义就是说它的历史脉络比较清晰，整个工程规模不大，进行文脉或人文意蕴的清理有较强的可操作性。然而这个问题要做到位也不那么容易，关键是你是不是意识到这是一个现代化小城镇建设和旅游开发一而二、二而一的问题，你是不是能作出足够超前的艺术设计。今天设计环节的疏忽也可能造成长期被动的影响。与1986年修建的北山革命烈士陵园相对比，1968年兴建的南山纪念建筑就显得粗陋多了，已经很少有游人愿意光顾这里。而它们之间还仅有18年的历史间距。可见我们的思维的预见性永远是不够的。

三、对井冈山市城市建筑人文意蕴的探索

近年来在进行一些旅游开发咨询时，我们总是强调，在对各地旅游资源进行调查和进行景区开发规划之间，一定要有一个资源文化解释的环节。这个环节的主要工作就是要对事实上不可能完整的资源甚至遗迹

遗存做完整的理解。对它们所可能表达的人文意蕴给予充分的挖掘与说明，并且作出最基本的创意。只有在这个环节的工作大致完成了的情况下，才有可能进行具体景点的设计、安排。否则任意进行的景点"策划"不仅会显得唐突不合文脉，而且会使整个景区显得零乱无序。

一般说，城市面貌或建筑风格人文意蕴的探讨也应在充分调查的基础上进行原型提炼，并在文化解释的基础上进行模式升华，然后得到一个或一组甚至几组推荐样式。而在今天的市场环境下，这些基本的推荐样式还需经过社会发布（"风格传播"）和在应用过程中获得评价进而不断有所创新的过程。这里的关键在于，建设单位并不直接是市政府的下级部门；作为建筑甲方，他们所需求的建筑物有自己的独立产权，要由他们选择建筑设计样式。因此这样一些发布和传播过程只能以种种影响和说服的方式进行。因此，前面主要由专家完成的调查、提炼、升华等环节只是为整个城市建设工程做出一部分预案。有了这种预案，才可以或提交地方人大，经过表决成为地方法规；或经过地方规划部门及地方媒体的推荐，成为建筑甲方的意志。这就是说，让新的井冈山市区建设有明确人文意蕴表达的愿望，需要有一系列细致的政府工作才能实现，现在首要的工作是对这种人文意蕴进行初步的探索。

据有限的了解和观察，我认为井冈山目前极大部分革命根据地人文景点的建筑风格，应属于20世纪20年代赣南客家民居①的一个山区类型，如著名的大井毛泽东朱德等人旧居、茨坪红四军军部和湘赣边界特委旧址、黄洋界哨口红军营房、茅坪八角楼等。其中茨坪红四军军部旧址为多座小型单体建筑连接并形成街道的典型；大井的毛泽东朱德等人

---

① 客家民居在中国建筑史上占有重要的一席之地，尤以福建龙岩、永定一带大规模的方、圆土楼为著，揭示了历史上客家人聚族而居的民俗风情。客家建筑内部至今有一些用防御功能才可解释的构造。客家人不仅在福建定居，广西、广东的北部和江西南部也有大量分布。参见刘敦桢：《中国古代建筑史》，中国建筑工业出版社，1984，第326-330页。

旧居属于复杂组合式建筑群的典型。造成与山下（如泰和县各处村庄）的客家民居相区别特征的原因是，山上建筑的墙体材料主要是黄土（干打垒），外墙或保持材料本色，如茅坪八角楼等；或漆以白灰，如大井旧址。而山下建筑多用青砖，两侧为"风火墙"（防火墙）。

从我的感受看，这里山区型客家民居有下面两个显著的优点[①]。

第一，凹凸变化的建筑正立面是山上建筑的一大特色。

参观井冈山几个旧居旧址就会发现，这些建筑的正立面有凹凸变化，且每间一变，一进一出，使得正立面活泼而有节奏感。

应该承认，中国民居基本型的正立面总是对称的，普通人家更只是面阔三间：一堂两室。井冈山上的客家民居也不例外。只是这里的堂屋立面向内缩进一步，造成整幢建筑正立面被明显地一分为三，平面呈明显的倒"凹"字形。堂屋面阔稍稍宽于两侧的居室，大门上方有时还有一道明显上拱的额枋。门脚外右侧有为猫狗等家畜出入的小洞口。

有趣的是，这种客家民居的发展型（组合型）不一定讲究对称，从而消除了形式上的呆板。它可以是在原屋的一侧加出两间。于是又增添了一间凹进的堂屋，正立面成为"三进两退"的格局。据说这时新添出的堂屋要比原堂屋略窄，屋顶也可能略低于原屋顶高度，但此时中央的一间居室内部一定保留一过道，使两个堂屋可以沟通。当然两侧同时添出两间，继续保持对称也是允许的，但从目前的观察看，不对称的居多，甚至还有一侧不仅平面添了四间以上新房，而且还带有转折，使整幢建筑平面（连同正脊）成为曲尺形的（如八角楼）。茨坪旧居一所建筑还提供了另一种变化。它的正房一侧只加出一开间的堂屋，但新的山墙仍然要与原山墙一样进深，使新堂屋的凹进一目了然。

分析起来，当地这种二层三间建筑如果没有了凹凸变化，形象很可

[①] 本文原应配相应的图版，条件不足暂不配发，可参见刘冬生等摄影、周德勤等设计：《井冈山——人文旧居明信片》，江西省邮资票品局、井冈山市邮票公司发行。

能会略显臃肿。如我们在云南瑞丽看到的傣族民居就有这个问题。当他们把原本秀美异常的吊脚楼底层也用竹篱笆围起来的时候，这个民族建筑艺术的风韵消失了①。反之，客家人让整幢建筑正立面逐间垂直分割，退让有序，更在阳光下造成色彩和阴影的层次变化，对臃肿的担忧变得毫无必要。人们在这里已很可能体味到当地人民山居生活的乐趣。所以说，正立面墙体的进退变化应该是当地建筑的一大优点。

应该说，这些不强调对称的做法是对强调礼教、礼制的中国传统建筑文化的突破。但这些村落建筑格局的形成显然反映出传统以血缘关系为基础的社会关系的一些变革。尤其是在今天，因为去除了封闭的院墙，这些活泼的建筑正立面尤其反映出一种更为开放的心态。

大井的旧址显然是一种更复杂的群组。总体上看，它是纵—横—纵三组建筑再用建筑沟通而成。每组建筑均为一个带天井的四合院。这样纵向看共有六排建筑夹着五个天井。建筑群横向看只有中央的一组是正立面向前，缩入最多，大门也最阔。两边的两组建筑均是山面向前，中间由单间连接，门稍窄。连接三组建筑的单间建筑也开门。所有门的上方均有横额。这样整个建筑群的正立面共有6出5进5门11间面阔，节奏感极强；同时根据进深的不同和屋顶方向的不同而主次分明，旋律悠扬。加上该建筑墙角深色木构柱式外露，配合小面积深色窗户，与白色墙面形成鲜明对比。这些都使该建筑当之无愧地成为当地同类建筑中的佼佼者。

大井旧址显然属于当年较为富足的大户的建筑，但即使是如此，与福建永定一代的圆土楼相比，它所反映出来的心态要开放得多，明朗得多。以这样的风格处理市中心街道建筑立面似乎是可以想象的。

第二，四面出檐的屋顶是山上建筑的另一特色。

山上的建筑是悬山顶，山墙面也有较宽的出檐。四面出檐的原因非

---

① 如果只考虑外观，西双版纳地区的傣家竹楼要漂亮得多：大屋顶、长吊脚，中间狭长的一带有图案的竹篱笆墙，显得挺拔。轻巧、有趣味。

常简单，无非是夯土墙需避免雨水冲刷。而山下的房子是青砖墙，不怕雨水。但出檐不出檐，刚好形成了一组对立。山下的房子也很好看，尤其屋顶两侧的风火墙更有我国南方民居的特色。但我感到山上出檐的屋顶更有一些长处。

首先是天盖地。屋顶彻底覆盖了四壁，显得更舒展，好像日光下的农人戴了一顶好大的斗笠。其次是屋顶在立面形成了较长的横线条，压住底下墙面有节奏变化的竖线条，形成了一种统一感、流畅感，让人觉得通透。尤其是从组合的角度看，无论房屋接出多少间，中间都没有被山墙阻断的感觉，似乎更发扬了中国式建筑组合沿水平方向展开的优势。这也像传统中国画中的散点透视，非常适合在水平方向上延伸；垂直方向的延伸总是有限的。山下房屋由于强调了风火墙，多只是三间面阔，屋顶又被稍高出的风火墙封死。正立面比较局促。向两侧接出的情况是有的，但整组建筑的连贯性因此受到损害。一般说，有风火墙的建筑组合优势应该是沿纵深方向，以连续的院落表达的。

另外从功能上说，出檐的屋顶给南方多雨地区的行人提供了一种方便。如果我们现在是将它作为一种城市建设的特色考虑的，那么，一来这种强调横线条的屋顶或檐部装饰正好适合美化街道，突出了街道幽长、延展的特征；同时也具有将各有特色的旅馆、商店、机关等门面统一在一起的作用。再次还可为外出遇雨的游客、居民提供避雨和在雨中继续游览市区或返回驻地的方便。

在这个问题上，大井旧址正立面两侧两组山墙向前的院落提供了一种富有想象力的发挥。它让这四排房子的山墙上各增加一条短檐，以呼应中间一组建筑，既未因其在平面上的突出而喧宾夺主，也未因山墙放在正面而显得冷漠无情。可见对屋顶、屋檐的想象空间还是很大的。

尤其要再强调的是，这种四面出檐的悬山屋顶不仅是与山区类型民居的正立面相配套的，而且刚好与周边尤其泰和一代村镇的传统风格建筑形成了强烈的对比，正可以突出井冈山市作为一个山区行政区划的政治、经济尤其文化中心的城镇建筑特色，而与新的建筑潮流、建筑工艺相结合，也会很巧妙地表达某种文化生活情趣。

除上述两点，天井的运用也是当地民居在处理单体建筑之间的组合与过渡时的成功经验。除了服务于通风、采光等具体的实用功能，它也使建筑群内部产生许多生动的变化，引申出不少美观的视觉形象。近年来一些城市住宅和小区建设也采用了类似设计，以打破各种过于简单、火柴盒式的现代建筑的呆板、无趣。我想井冈山市区的建设绝不应将自身原有的优秀建筑传统遗忘掉[1]。

四、在人文意蕴的建筑表达实践中要注意创新与升华

井冈山山区客家民居建筑的优点不止上述两三方面，对于各种建筑细节我们还根本没有涉及。对这一建筑风格的提炼还需经过更细致的调查研究。而我们同时想强调的是，即使已经提炼出的各种建筑特色、风格、样式也不能原模原样地照搬到新市区的建设和建筑设计中去。升华的工作不可缺省。

我们已经说过，建筑风格及其人文意蕴是反思的结果，对于新建筑来说它只是一种装饰风格和文化符号。而文化符号或广义的文化产品离开了永远的创新就不可避免地要失去其生命活力；简单行政命令的结果更只会适得其反。所以将来的风格发布、时尚传播和社会评价都是需要届时专文探讨的重要问题[2]。而这里我们还要简要地谈谈风格提炼问题

---

[1] 据我观察，吉安至井冈山公路两侧一些新建民居已经成了各种平顶的几何体组合。推想起来倒未必是房屋的主人或建造者有意追随现代风格，反而只是对建筑风格设计的忽视和对传统文化的简单遗弃。对于这种趋势，地方政府和建设规划单位很可以做一些指导性、推荐性的工作。这项工作有了成效，可以整体改善该旅游地区的外部形象，提升其旅游对象物的品质和观察效果。

[2] 当代中国建筑评论的缺乏一直是建筑学界感到苦恼的事情之一，而可能扭转这一局面的方法也还需要认真探讨。

的另一方面，即风格升华的问题。

毋庸讳言，任何一种传统民居相对现代生活都会有缺陷。井冈山的民居也不例外。比如说，它的窗户比较小，而现代建筑即使是住宅建筑也倾向于开更大的窗。对我们的讨论而言，这里问题的关键不仅仅在于窗户面积或采光量。传统客家山区民居的视觉效果正是靠大面积的白墙（或浅黄色夯土墙）与小面积的深色门窗、额枋的和谐对比造成的，现在不顾一切地扩大门窗面积会改变以前的对比关系，就会造成原有风格的丧失或改变。这才是一个应该深入思考，进而巧妙解决的问题[①]。

我想，现代建筑材料很丰富，质量、工艺、色彩和装饰效果上可以有许多种选择。比如我们可以考虑将大面积的窗户通过材料色彩的选择与组合使其有深浅区别，从而在视觉上造成比实际面积小的感觉。但即使在这样做的时候，我们还是应该注意挖掘、参考传统建筑中的有益做法，使创新更有依据，更精致。例如我们注意到，茅坪八角楼毛主席旧居中的窗户就很有特色。在一面1平方米以上的直棂木窗的中央，又嵌入了一扇约20×30厘米的小花窗，粗犷中显得秀气。这样的处理方式今天仍可借鉴。

又如传统民居的屋檐一般比较单薄。在四面出檐的井冈山区民居上就表现得更明显。正是这种单薄使这些建筑似乎注定只能是民居，而不能成为公共建筑或宫式建筑。这里显然有传统等级制文化在起作用。井冈山区民居的前檐下通常还在每一柱子的上端做有双层出头木构（梁的前端），以托住檩条及屋面板，也具有一种装饰效果，在一定程度上减少了屋檐的单薄感。但这些出头的木构本身还是过于单薄，整体视觉效果上还与屋顶、墙面不适称。

这一问题在国内有一定的普遍性。几十年来，不少中国建筑师甚至

---

① 近几十年间建造的一些普通民居已经有开大窗的趋势，而且在堂屋的二层开门建阳台。这种做法从使用功能考虑无可指责，但原有的民居特点已变得不再鲜明。

国外的建筑师都把大屋顶当做中国传统建筑的特色或建筑的中国风格、民族风格特征，并在北京及各大城市不少重要的公共建筑上保留这一特征，起码做一些装饰性的短檐、腰檐，覆之以琉璃瓦。但是这里诸多的建筑，尤其是更晚近一些的建筑作品，在注意使用大屋顶、琉璃瓦时，忽略了相应的檐下部位的处理，使得这些"宫式建筑"拿不出个"皇家气派"，好像做惯了奴才的人你让他穿上皇袍顶着皇冠他却也改不了低头哈腰的做派。

传统宫式建筑的做法是用斗拱将大梁与整个屋顶抬起来，显得扬眉吐气、器宇轩昂。这个办法不错，今天的建筑却很难照办。但我想，首先应明确这是一个问题。檐下部位不处理似乎是不行的，有与大屋顶或琉璃瓦不配套的感觉。至于以什么方式去处理可以探讨。大井旧居正中堂屋的屋面板（轩板）向上翘起，显得很有力地支撑了坡度屋顶。这个屋面板还有一些装饰性的木作，下面再配合着额枋，立刻显得很有几分气派了。而相比起来，1958年建成的茨坪"井冈山革命博物馆"本身体量相当大，高度应在15米以上，建筑设计上也有意保留了一些地方建筑特色，就是大屋顶的檐下部分没有适当处理，今天看就显得单薄不合比例，气魄上也显得不够大。所以说仅在井冈山地区，这个问题的正反两方面经验就都有例证，今后的建设可以认真借鉴，也可能创造出具有普遍意义的新经验。

再一点应该提及的是，目前一些旧址旧居的复建与保护过程中，与建筑物相互依存的树木植物的重新栽种还不够自觉。同时在新市区的建设和建筑设计中，问题似乎尤其值得重视。"山水园林在城中"，就要体现在每一个社区的规划，每一幢建筑（尤其重要的公共建筑）的设计中就要有充分而详尽的绿化设计。既然说到园林，那么各个建筑物的那些"半公共空间"（例如天井）就都应该有一些与自然环境相融合的考虑。对于井冈山这样的全国著名旅游城市，对于这个日照和雨水都非常充足的地区，绿化方面的设计标准高一些、绿化树种的选择更精一些似乎应该是不言而喻的。

另外在井冈山地区（如砻市、茅坪等地）还有一些更古老的书院、祠堂等传统公共建筑存在。这些赣南传统建筑有更深厚的人文意蕴，在装饰风格细节上甚至可以提供更多的启示与参照。尤其是如果我们意识到，这些经典建筑范例更多地提炼和升华了当地山下平地普通客家民居建筑特色与生活情趣，而山区客家民居原来是一个较为简陋、更为贫民化的类型，那么今天对后者给予特别关注，努力从这个类型中挖掘出某些建筑特色首先是其装饰风格，提炼其人文意蕴并适当升华，不仅将造福于正在富裕起来的当地居民，提高其家居生活质量，反映出客家人生活在21世纪的巨大变化，而且可以说也为中华民族灿烂的民居文化的再创造做出了无量贡献[①]。我认为，这件事是值得深入思考和认真去做的。

---

① 正是基于这样的立场，我才愿意在几乎完全是20世纪50年代以后复建的旧址、旧居的前提下，暂时不讨论其复原的真实性问题，先做种种关于当地建筑人文意蕴深化的思考。也对新的井冈山市市区风貌有某种期待。